縄 田 鉄 男 編

シュグニー語基礎語彙集

東 京 大学書林 発 行

はしがき

本書は，パーミール諸語の一であるシュグニー語の基礎語彙集である。パーミール諸語は，シュグニー語群（狭義のシュグニー語，ローシャニー語，バルタンギー語，サリコリー語，オロショリー語，フヒー語を含む），イシュカーシュミー語，ヤズグラーミー語，ワハーン語，ムンジャーニー語からなる。

さらに，パーミール諸語は，オセート語(言語人口48万)，ヤグノービー語（言語人口2500)，パシュトー語（言語人口30,320,000)等とともにイラン語派の北東言語群を形成している。

パーミール諸語は，ヤグノービー語とサリコリー語を除いて，タジキスタン共和国のゴルノ・バダフシャンのパンジュ川とその支流の渓谷(ホログはその中心地)，およびそれに隣接するアフガニスタンのバダフシャン州において話されている言語である。そのほとんどの言語は，経済的・社会的要因により消滅の危機にある。

言語人口は，シュグニー語（アフガニスタンで約30000，タジク側で約20000)，ローシャニー語（10000)，バルタンギー語(3000)，サリコリー語(10000)，オロショリー語(2000)，フヒー語（1500)，イシュカーシュミー語（1500)，ヤズグラミー語（2000)，ワハーン語（30000)，ムンジャーニー語（2000）である。

なお，ワハーン語はワハン回廊を中心に話されているが，一部はチトラール，ギルギット，フンザ，新疆ウイグル自治区に，サリコリー語は中国最西部のサリコール山脈の東に話されており，イラン諸言語の最東端に位置する。

北東イラン系諸言語のうちで，文章語の地位にあるのは，パシュトー語とオセー語である。前者はアラビア文字，後者はキリュリー文字で書かれる。

ちなみに，イラン系南東語群には，アフガニスタンのオールムリー語，パラチー語がある。両方言群が，イラン系語派の東部方言群を形成する。さらに，北西方言群の代表は，クルド語（トルコ・シリア・イラン・イラクなどで話され，言語人口は約2,367万），バローチー語（アフガニスタン・イラン・パキスタンなどで話され，言語総人口は約577万），南西方言群の代表はイラン・イスラーム共和国の公用語のペルシア語（イランでの言語人口は約2,843万）である。ペルシア語は，タジキスタンではタジク語（言語人口約376万），アフガニスタンではダリー語（言語人口約760万）と呼ばれ，両国の公用語でもある。

シュグニー語は，Shaw（1876）の報告書によって19世紀の末に初めて諸学者の関心を引くようになった言語である。その他の報告書，研究書に関しては，研究文献目録を参照されることを希望する。

ここで，シュグニー語の一般的な言語特徴（語彙的・音声的・文法的特徴）について述べておこう。

(1) 語彙的特徴

シュグニー語がイラン語派に属することは次の単語例から明らかである。紙面の関係もあるので，古代イラン語の代表としてアヴェスタ語の例を（　）内に挙げておく。

angiẋt(angušta–) 「指」	cūnd(cvant–) 「幾ら？」
biẋtūn(paitištāna–) 「腿」	čīd(kata–) 「家」
čān–(kan–) 「掘る」	δēw(daēva–) 「悪魔」
cēm(čašman–) 「眼」	δum(duma–) 「尾，尻尾」
δindūn(dantan–) 「歯」	γaθ(gūθa–) 「糞」
γūγ̌(gaoša–) 「耳」	maγ̌(maēša–) 「雌の羊」
mīδ(maiδya–) 「腰」	puc(puθra–) 「息子」
sipaγ(spiš–) 「シラミ」	ẋāb(xšapā–) 「夜」
ẋūvd(xšvipta–) 「牛乳」	θīr(ātrya–) 「灰」
wēd(vaēti–) 「柳」	wēδ(vaiδi–) 「流れ，小川」
win–(vaēn–) 「見る」	wāẋ(vāstra–) 「草」
wuz(azəm) 「私」	xīr(hvar–) 「太陽」
yēd(haētu–) 「橋」	yōc(āθr–) 「火」
yūrẋ(arəša–) 「熊」	žīr(gairi–) 「石」
žōw(gav–) 「牛」	zīrd(zairita–) 「黄色の」
wūrǰ(vəhrka–) 「狼」	at(uta) 「そして」
yīw(aēva–) 「1」	xōγ̌(xšvaš–) 「6」
δu(dva–) 「2」	wūvd(hapta–) 「7」
aray(θrāyō–) 「3」	waẋt(ašta–) 「8」
cavōr(čaθwārō–) 「4」	nōw(nava–) 「9」
pīnj(panča–) 「5」	δīs(dasa–) 「10」

シュグニー語（本語彙集の資料は，すべてアフガニスタンのシュグニー語バーシャル方言の話者，カラム・アリー・シャーフ，Karam Ali Shah氏提供による）には，当然ながら，ダリー語（アフガン・ペルシア語）からの借用語が多数見られる。シュグ

ニー語を含むパーミール諸言語の話し手は，タジク語ないしはダリー語との二言語併用者であることを付記しておく。

mēz 「机」	kilkin 「窓」	sabaq 「学課」
čawki 「椅子」	taxta 「板」	gamōn 「疑い」
maska 「バター」	zaxmi 「傷」	xōtir 「記憶」
mēwa 「くだもの」	tayōr 「用意の出来た」	čatri 「傘」
pūmak 「黴（かび）」	santara 「ミカン」	murč 「胡椒」
maza 「味」	qōbil 「上手な」	šaftōli 「桃」
qulf 「錠」	mōlta 「ネーブル」	tarbuz 「スイカ」
tuf 「唾液」	xar 「ロバ」	dēwōl 「壁」

(2) 音声的特徴

シュグニー語がイラン語派の東語群の東北方言群に属するという特徴は，次の通りである。ペルシア語，パシュトー語，アヴェスタ語で例示する。

	Shughni	Persian	Pashto	Avesta	
Ir. *g–	žōw	gāv	γwā	gav–	「牛」
Ir. *d–	δīs	dah	las	dasa–	「10」
Ir. *b–	virōd	barādar	wrōr	brātar–	「兄弟」
Ir. *č–	cavōr	čahār	calōr	čaθwārō–	「4」

なお，Shghni z–<γ–<g–;Ir. はイラン祖語。

(3) 文法的特徴

より詳しい文法は，「シュグニー語文法概要」を参照。ここでは，シュグニー語の顕著な特徴を挙げておきたい。

①文法性の存在

名詞には，男性（M.）と女性（F.）の区別がある。名詞のあるものは，母音交替で性別が表現される。

čux 「雄鶏」　čax 「雌鶏」

名詞の性別は，ある程度予見性(Predictability)がある。すなわち，人間・(ある種の) 動物では，自然性により，地名は男性名詞など。判明したかぎりで，語彙集では*m.f.*で表示してある。

形容詞のあるものは，男性・女性の別があり，母音交替で表される。

fištīr virōd 「兄」(大きい兄弟)

fištār yax 「姉」(大きい姉妹)

tuxp (*m.*), taxp 「酸っぱい」 taxp mūn 「酸っぱいリンゴ」

rūšt(*m.*), rōšt(*f.*):rūšt čīd 「赤い家」rōšt mūn 「赤いリンゴ」

また，過去時制3人称に於いても性の別がある。

ya γ̌inik mualem vad 「あの女の人は先生でした」

yu askar vud. 「彼は兵士でした」

yu čōrik ričūst. 「あの人は逃げました」

ya γ̌inik ričōst. 「あの女性は逃げました」

ar kunduz sut. 「彼はクンドゥーズへ行きました」

ar kunduz sat. 「彼女はクンドゥーズへ行きました」

②修飾語は被修飾語に先行する。これは，主として東イラン語派の特徴でもある。

mu rizīn 「わたしの娘」

mu puc 「わたしの息子」

③名詞文（現在時制）では，所謂繫辞は用いられない。

yam mu puc. 「これは私の息子です」

④代名詞（3人称代名詞，指示代名詞）には，性・数・格の別

がある。

⑤前置詞と後置詞の存在。

wuz　「私」(「私」の主格)

murd　「私に」(wuz の斜格 mu + –rd)

mund　「私のもの」(mu + nd)

mu–qati　「わたしと一緒に」

(4) 最後に，シュグニー語を取り巻く社会的・政治的環境について述べておきたい。

大言語（特に公用語ないしは国語や地方の有力言語）の使用者たちの母語に対する意識は非常に高く，母語の維持発展に単なる文化活動の枠を超え，政治活動の域にまでの広がりを見せることもしばしばである。所謂言語紛争，言語戦争等といわれる事象はそのあらわれである。しかしながら，山間部や辺境の地に住む少数民族の人々が母語に対して持つ意識は，残念ながら低いといわなければならない。

シュグニー語などのような弱小少数民族の言語は，学校教育や映画・テレビなどのマスメディアの影響により，彼らの母語の居住地域周辺部で話される国家の公用語（ダリー語）に切り替えられ，二語併用状態に頼らざるをえない。さらに流通経済の浸透などに伴う都市部への人口流出により，消滅の危機にある。

危機に瀕した言語には，言語類型研究にも欠かすことのできない多くの言語現象がある。こうした少数民族の言語や言語文化をなんら記録保存することなくこのまま放置して消滅させてしまうのは，人類のとっての尊い文化遺産を我々が失ってしまうことを意味するのではないだろうか。

危機言語の言語学的記述研究は，①人類の文化遺産として人類のため，②その民族の，その地域の文化遺産として，彼らのために，というのが言語研究に携わるものの言い分である。しかしながら，弱小民族にとっては，このような言説は虚ろに響くに違いない。彼らにとって，隣接するより強力な言語に移行することこそ安定と成功への道である考え，むしろ積極的に母語との決別にむかっている。そこには失われていくものに対する感傷はない。言語の衰退や消失は，複雑に絡み合った政治・経済・社会心理学上の原因に条件付けられているのである。

本書の資料は，当時（1967）カーブルにある師範学校の学生で，ダリー語との二語併用者により提供されたものである。

同氏には，あらかじめ選択されたアフガニスタンのダリー語教科書やダリー語によるムッラーの物語などのシュグニー語への翻訳をお願いした。基礎語彙は，『基礎語彙調査表』（服部四郎編，東京大学文学部言語学研究室，1957）によって，調査記入を行なった。

本語彙集の資料は，著者のフィールド調査の成果の一部である。調査は，1966年の冬，カーブル，クンドゥーズにおいて行なわれた。シュグニー語のインフォーマントは，当時カーブル師範学校の学生で，シュグナーンのサル・チャシュマ生まれである。ペルシア文字で書かれた例文は彼の手になるものである。

彼自身は自己の言語を文字で書いた経験がないので，協議の末に共同でペルシア文字を使用して，書き方を決定した。

凡　例

見出し語　ローマ字による音素表記を見出し語とする。

本書で採用したアルファベットは次の通りである。

a, ā, c, č, d, δ, e, ē, f, g, γ, γ̌, h, i, ī, j, ǰ, k, l, m, n, ō, p, q, r, s, š, t, θ, u, ū, v, w, x, x̌, y, z, ž

発　音　音素記号についての解説は,「発音解説」を参照。

品　詞　品詞は *n. a. ad.* のように記してある。

ただし，同一語形が，品詞を異にする場合は，見出しを繰り返すことなく，たとえば，—*adv.* のように記してある。

記号は次の通り。

n.（名詞），*vi.*（自動詞），*vt.*（他動詞）*a.*（形容詞），*ad.*（副詞），*pron.*（代名詞），*num.*（数詞），*conj.*（接続詞），*int.*（間投詞），*prep.* 前置詞），*post.*（後置詞），*encl.*（前接語）。

語形変化

①動詞の語形変化は，wīntōw(win)のように示してある。見出し語はいわゆる不定詞であり，（ ）内は現在語幹である。

過去語幹については，čīx̌tōw(čis:čūx̌t)「見る，眺める」

čīdōw(kin:čūd)「なす，行なう」のように，不定詞から直接に導かれない場合（右欄に）のみ，記載してある。

②形容詞の女性形は，pug(pag)「空の」のように示してある。

（ ）内は女性形。

③名詞の複数については，不規則名詞複数形のみ記してある。

規則変化形は，複数形成接尾辞-ēn を付して形成する。

不規則変化形は，čīd(čadēn)「家」のように（ ）内に複数形を示す。

④名詞の女性形は，判明した限りに，*m.*（男性名詞），*f.*（女性名詞）で示す。母音交替によるものは次のように記してある。

kud(kid)「犬」（ ）内は雌犬（女性名詞）。

連　語　熟語(*Idioms*)，成句（*Set Phrases*），自由結合体（*Free Combinations*）などは，語義（訳語）の後に挙げてある。ただし，本書の性格上および紙面の関係で，その数は多くない。

記　号　（ ）は語義の敷衍および説明に用いる。（ ）内の要素が省略される要素であることを示すためにも用いられている。また，動詞の「現在語幹」の表示にも使用してある。

【 】は，専門用語の表示に用いた。ただし，自明のものについては，紙面の都合で省略してある。

なおまた，アクセントは語末に来る。例外的なアクセントをとるものについては，「文法概要」を参照。

発音解説

1. シュグニー語の母音体系は次の通りである。

単母音：

i	u
a	

長母音：

ī	ū
ē	ō
ā	

2. シュグニー語の子音体系は次の通りである。

破裂音 /p, t, k, q, b, d, g/

摩擦音 /f, v, s, z, š, ž, x, γ, x̌, γ̌, θ, δ/

破擦音 /c, j, č, ǰ/

流　音 /m, n, r, l/

半母音 /w, y/

3. 母音の記述

3.1. 短母音

/i/:日本語の「イ」の音声。

biš, *m.* 「（女性の）乳房」　　piš, *f.* 「雌猫」

cimūd, *m.* 「籠」　　kid, *f.* 「雌犬」

sij, *f.* 「針」

/u/:日本語「ウ」を唇を丸くして，力を入れ前に突き出す気持ちで，発音する。

ǰuš, *m.* 「陰茎」　　čux̌, *m.* 「雄鶏」

wuz 「わたし」　　kud, *m.* 「雄犬」

mut, *m.* 「こぶし」　　tundur, *m.* 「雷」

/a/:日本語の「ア」

γaθ, *m.* 「(人) 糞」 wax̌t 「8」

δar 「遠い」 xax̌ 「難しい」

gadīk, *m.* 「(雄) 羊」 paš 「女陰」

3.2. 長母音

/ī/:日本語の「イー」

čīd, *m.* 「家」 sīrǰ, *m.* 「レンズ豆」

dišīd, *m.* 「屋根」 žīr, *f.* 「石」

/ū/:唇を丸くすぼめて，突出し，日本語の「ウー」を発音する。

mūn, *f.* 「リンゴ」 δūd, *m.* 「煙」

mūm, *f.* 「祖母」 čūšǰ, *m.* 「大麦」

/ē/:日本の「エー」

čēd, *f.* 「ナイフ」 yēd, *m.* 「橋」

δēd, *m.* 「戦争，戦」 mēθ, *m.* 「月」

/ō/:口を大きくあけて，「オー」と発音する。英語all,tallのaのように。

čōy, *f.* 「お茶」 nōš, *f.* 「アンズ」

čōk, *f.* 「つるはし」 čōr, *m.* 「夫；男」

/ā/:日本語の「アー」の発音に同じ。

nān, *f.* 「母」 vāx̌, *f.* 「ロープ」

tāt, *m.* 「父」 māk, *m.* 「首」

4. 子音の記述

4.1. 破裂音

/p/:日本語「パ」の子音。

puc, *m.* 「息子」 sipin, *m.* 「鉄」

pūrg, *m.*「ネズミ」　pūnd, *m.*「道」

/t/:日本語「タ」の子音。

tāt, *m.*「父」　tux̌p, *m.*「酸っぱい」

šut, *m.*「足の不自由な」　mut, *m.*「にぎりこぶし」

/k/:日本語「カ」の子音。

kud, *m.*「雄犬」　māk, *m.*「首」

kīl, *m.*「頭」　kut, *m.*「短い」

/q/:アラビア語のqafの音声。日本語「カ」の子音を，喉の奥から発する。

qadam, *m.*「歩，一歩」　qīc, *m.*「胃」

qalam, *m.*「ペン」　qīnōv「塩気のある」

/b/:日本語「バ」の子音。

biyōr「昨日」　bēn, *m.*「たなごころ」

bix̌tūn, *m.*「腿」　bōb, *m.*「祖父」

/d/:日本語「ダ」の子音。

divūsk, *f.*「蛇」　yēd, *m.*「橋」

kud, *m.*「雄犬」　kid, *f.*「雌犬」

/g/:日本語「ガ」の子音。

pūrg, *m.*「ネズミ」　guǰm, *m.*「子ヤギ」

garδa, *m.*「パン」　angix̌t, *f.*「指（ゆび）」

4.2. 摩擦音

/f/:英語fix,fiveなどの［f］の音。

fiyak, *m.*「肩甲骨」　fōl, *m.*「占い」

fištīr, *m.*「より若い」　fukaθ「すべての」

/v/:同上の音声音。fiveの［v］の音。

virōd, *m.* 「兄弟」　　vōrǰ, *m.* 「牡牛」

vāx̌, *f.* 「ロープ，綱」　　γēv, *m.* 「口」

/s/:日本語「サ」の子音。

sij, *f.* 「針」　　sipun, *m.* 「鋤」

sūg, *f.* 「話」　　sūči, *f.* 「スズメ」

/z/:日本語の母音間の「ザ」。同上の有声音。

zūγ̌, *m.* 「袖」　　zingūn, *m.* 「顎（あご）」

žīz, *m.* 「薪」　　wīz, *m.* 「荷，積み荷」

/š/:日本語「シャ」の子音。

šilak 「裸の」　　šōš, *m.* 「砂」

ǰuš, *m.* 「男根，陰茎」　　šūδ, *m.* 「とげ，針」

/ž/:英語 pleasure の s の音。

žōw, *m.* 「牛」　　žīr, *f.* 「石」

žindam, *m.* 「小麦」　　žiniǰ, *m.* 「雪」

/x/:ドイツ語［x］の音。軟口蓋と舌根で形づけられる狭い狭間を息が摩擦して出される。日本語の「ハ」を口の奥の方ではきすてるように発する。

yax, *f.* 「姉妹」　　xīf, *m.* 「泡」

xīr, *m.* 「太陽」　　tarmurx, *m.* 「卵，玉子」

/γ/:同上の有声音。日本語の「ガ」を，喉の奥から発する。

γur, *m.* 「睾丸」　　γiǰīd, *m.* 「牛舎」

γāc, *f.* 「少女，娘」　　γalbēl, *m.* 「ふるい（篩）」

/x̌/:前舌面と硬口蓋との間で作られる摩擦音で，激しく発せられた「ヒ」に似た音声。ドイツ語の ich の ch に似た音声である。

yax̌, *m.* 「野生ヤギ」 x̌īn 「青い」

x̌itērj, *f.* 「星」 x̌itum, *f.* 「ウサギ」

/γ̌/:同上の有声音。

γ̌in, *f.* 「妻」 maγ̌, *f.* 「雌羊」

γ̌ēw, *m.* 「狩り」 γ̌inik, *f.* 「女」

/θ/:英語 thin,thought などの th の音声。

γaθ, *m.* 「糞」 θad, *f.* 「燃えた」

mēθ, *f.* 「月（暦の）」 mōθ, *m.* 「棒切れ」

/δ/:英語 they の th の音声。同上の有音声。

mīδ, *m.* 「腰」 δu 「2」

δīs 「10」 δum, *m.* 「尻尾，尾」

4.3. 破擦音

/c/:日本語「ツ」の子音。［ts］

cēm, *m.* 「眼」 cavōr 「4」

civīnc, *f.* 「ハチ」 yōc, *m.* 「火」

/j/:同上の有声音。［dz］

sij, *f.* 「針」 jul, *m.* 「少ない」

jal, *f.* 「少ない」 pīnj 「5」

/č/:日本語「チャ」の子音。

čōy, *f.* 「お茶」 čux, *m.* 「雄鶏」

čīd, *m.* 「家」 čib, *f.* 「スプーン」

/ǰ/:日本語「ジャ」の子音。同上の有声音。

pīnǰ, *f.* 「キビ，黍」 žiniǰ, *m.* 「雪」

γiǰīd, *m.* 「牛舎」 ǰīnǰīc, *f.* 「人形」

4.4. 流音

/m/:日本語の「マ」の子音。

mōθ, *m.* 「棒切れ」 mīδ, *m.* 「腰」

mūm, *f.* 「祖母」 mūn, *f.* 「リンゴ」

/n/:日本語の「ナ」の子音。

nōš, *f.* 「アンズ」 nān, *f.* 「母」

nūr 「今日」 nōw 「9」

/l/:英語のlの音。

kīl, *m.* 「頭」 lap 「多くの」

čalak, *f.* 「バケツ」 čilbēsk, *f.* 「トカゲ」

/r/:震え音のrの音。

rīm, *f.* 「ポプラ」 rōšt, *f.* 「赤い」

xīr, *m.* 「太陽」 rūšt, *m.* 「赤い」

4.5. 半母音

/w/:日本語「ワ」の子音。

wēd, *f.* 「柳」 wīftōw 「見る」

wīftōw 「編む」 žōw, *f.* 「牛」

/y/:日本語の「ヤ」の子音。

yēθ, *m.* 「巣」 yax, *f.* 「姉妹」

yūrx̌, *m.* 「熊(クマ)」 yūx̌k, *m.* 「涙」

研究文献目録

Barthold,W.：“Badakhshan,” *Encyclopaedia of Islam*, New Edition, Vol. Ⅰ, pp.852–855.

Dupree,L.：“Afghanistan.iv.Ethnography”, *Encyclopaedia of Iranica*, 1983.pp.495–501.

Frye,R.N.：“Ghalca,” *Encyclopaedia of Islam*, New Edition, Vol. Ⅱ, p.997.

Hujler,A.：*The Languages of the Western Pamir(Shughnan and Vakhan)*, Kopenhagen, 1912.

Grierson,G.A.：“The Ghalchah Languages,” *Linguistic Survey of India, Vol.X., Specimens of Languages of the Eranian Family*, pp.455–549, Calcutta：Office of the Superintendent of Government Printing, 1921.

Geiger,W.：“Kleine Dialekte und Dialektgruppen,” *Grundriss der iranischen Philologie*, Vol.l, Pt. Ⅱ, pp.287–334, Strassburg, 1898–1901

Kieffer, Ch.M：“Afghanistan v.Languages,” *Encyclopaedia Iranica*, Vol.1.pp.501–516, 1983.

Lentz,W.：*Pamir–Dialekte I ; Materialien zur Kenntniss der Schughni Gruppe*. Göttingen：Vandenhoeck & Ruprecht, 1933.

Morgenstierne,G.：“Notes on Shughni,” *Norsk tidsskrift for Sprogvidenskap* Ⅰ, pp.32–84, Oslo, 1928.

————：“Iranica(1.The demonstrative pronouns in Shughni),” *NTS*, Ⅻ, pp.258–260,1942.

————：*Etymological Vocabulary of the Shughni Group.*

Wiesbaden：Dr.Ludwig Reichert Verlag,1974.

——————：*Report on a linguistic Mission to Afghanistan.* Oslo：H.Aschehoug & Co., 1926.

——————："Neuiranische Sprachen," *Handbuch der Orientalistik*, Abt. Ⅰ,B. Ⅳ, l, pp.155–178, Leiden：E.J.Brill, 1958.

——————："Afghanistan,(iii)Languages" ,*E.I.* Vol. Ⅰ, p.225.

——————："Afghanistan,(ii)Ethnography," *E.I.* Vol. Ⅰ, pp.224–225.

——————：*Indo–Iranian Frontier Languages Vol. Ⅱ.Iranian Pamir Languages*, Oslo, 1938, pp.559–562

Payne,J.："Pamir Languages," *Compendium Linguarum Iranicarum* (Ed.by Rüdiger Schmitt, Wiesbaden：Dr.Ludwig Reichert Verlag, 1989), pp.417–444.

——："The Decay of Ergativity in Pamir Languages," *Lingua* 51, 1980, pp.147–186.

Redard,G.："Other Iranian Languages," *Current Trends in Linguistics* (Ed.by Thomas A.Sebeok),Vol.6.*Linguistics in South West Asia and North Africa*, pp.97–135, Mouton, 1970.

Shaw,R.B.："On the Shighni Dialect," *Journal of the Asiatic Society of Bengal*, 1876, pp.98 sqq.

Sköld,H.：*Materialien zu den iranischen Pamirsprachen.* Lund：C.W.K. Gleerup, 1936.

Sokolova,V.S.：*Ocerki po fonetiske iranskix jazykov*. Moskva, 1953.

Tomaschek,W.："Centralasiatische Studien, Ⅱ.Die Pamir–Dialekte," *Sitzungsberichte der philologische–historischen Classe der kaiserlichen Akademie der Wissenschaften* Vol.xcvi, pp.735–900, 1880.

目　次

a

abδūst *n.m.*（刈り入れ用の）手袋。

abēx̌tōw (abōz:abōx̌t) *vt.* 飲み込む。

ablagi *n.m.* 愚かさ。

abūbak *n.f.*【鳥】ヤツガシラ。

ačaθ *ad.* 何も（…）ぬ、全然（…）ぬ。

ačga *ad.* まるっきり、まるで。

afaγ̌ *ad.* 明後日。

afbūst *n.m.* 腫物。

afsūs *int.* ああ！

afyūn *n.f.* 阿片。

aga *conj.* もし、もしも。

agā *a.* 目が覚めた。

  agā čīdōw 目を覚ます。

  agā sittōw 目が覚める。

aγdōw (aγ:aγd) *vi.*（ロバが）鳴く。

aγ̌ēzdōw (aγ̌ēz:aγ̌ēzd) *vt.*（家畜を）寝かせる、横にする。

aγ̌īdōw (aγ̌as:aγ̌uyd) *vi.*（家畜が）寝る、横になる。

ajal *n.m.* 死、死亡。

ajina *n.f.* 悪霊、妖精、ジン。

akak *n.m.*（寒さ・恐怖による）震え、悪寒。

akīm *n.m.* 医師、医者。

aks *n.m.* 恐怖、恐れ。

alaf *n.m.* 草；乾草。

alafzōr *n.m.* 草地、草原、牧草地。

alalaš *n.m.* 混合。

alalaš čīdōw 混合する、混ぜる。

alalōt *n.m.* 喧騒、騒音。

alam *n.m.* 悲しみ、不幸、不運、災禍。

albat *ad.* きっと、確かに。

albatta *ad.* もちろん、確かに；恐らく。

almōs *n.f.* ダイヤモンド。

alōk *n.m.* 破滅、破壊。

alōk čīdōw 破滅させる。

alōk sittōw 破滅する。

alōl *a.* 許された；実直な、誠実な。

alōlkōr *a.* 誠実な、正直な。

alōqa *n.m.* 蹄鉄。

alōqa čīdōw 装蹄する。

alōw *n.m.* 火；炎。

alōz *n.m.* 跳躍、ジャンプ。

alōz čīdōw 跳ぶ。

alyōk *n.m.* チーズ。

amak *n.m.* 父方のおじ。

amal　*n.m.* 職業、仕事、任、職。

amaldōr　*n.m.* 公務員、役人。

ambax̌c　*n.m.* 杜松（トショウ）。

ambōr　*n.m.* 穀粒。

ambur　*n.f.* やっとこ。

amdigar　*ad.* たがいに。

amdōd　*n.m.* 援助、助力、助け。

amēx̌a　*ad.* 常に、いつも。

amīr　*n.m.* アミール、酋長、首長。

amla　*n.m.* 攻撃、襲撃。

　amla čīdōw　攻撃する。

amō　*conj.* しかし、けれども。

amūm　*n.m.* 風呂。

amri　*n.m.* 命令、指令。

amsōya　*n.m.* 隣人、隣家の人。

amwōr　*a.* 平らな、平滑な。

ancāvij　*n.m.* 縫うこと、裁縫。

ancāvīǰ　*n.m.* 裁縫師、仕立屋。

ancīvdōw　（ancāv:ancūvd） *vt.* 縫う。

andīdōw　（andij/andiz:andūyd） *vi.* 起きあがる、立ち上がる。

andūm　*n.m.* 体、躯幹、胴体。

angaxcīǰ　*n.m.* どもり、吃る人。

angaxtōw　（angaxc:angaxt/angixt） *vi.* つかえる：突きささる。

angix̌t	*n.f.* 指。
γāfc angix̌t	親指。
xidār angix̌t	親指。
δakīǰak angix̌t	人差し指。
miyūna angix̌t	中指。
pislakak angix̌taθ	薬指。
pisjalik angix̌taθ	小指。
jalik angix̌t	小指。
lakak angix̌t	小指。
angix̌tmūk	*m.f.* 指貫（ゆびぬき）。
angūrδ	*n.f.* 葡萄（ブドウ）
anjēm	（*m.* anjūm） *n.f.* 雌の子羊。
anjūm	*n.m.* 一歳の雄羊。
anǰīr	*n.f.* 無花果（イチジク）。
anǰīvdōw	（anǰāv:anǰūvd） *vt.* 取る；掴む。
yōδ anǰīvdōw	学ぶ、習う。
yāx anǰīvdōw	凍る。
qastīn anǰīvdōw	格闘する、相撲を取る。
anōq	*a.* 平らな、平滑な；滑らかな。
anōr	*n.f.* ザクロ。
aq	*n.m.* 心理、真実；権利。
aqli	*n.m.* 知；理性；知恵。
aqlīm	*n.m.* 地帯、帯。
aqōb	*n.m.* 鷲（ワシ）。
aqōrat	*n.m.* 悪口、罵詈雑言。

aqōrat čīdōw 罵る、悪口をいう。

aqōratgar *n.m.* 罵倒者、悪口を云う人。

aqrōr *n.m.* 自白。

aqrōr yattōw 自白する。

aqsa *n.m.* くしゃみ。

aqsa δēdōw くしゃみをする。

aqsaqōl *n.m.* 村の長、村の長老。

ar[1] *prep.* (〜) に、で。

ar xu čīd 自宅で。

ar kā どこへ？

ar[2] *a.* 各、各々の。

artām 誰も、すべての人。

artān 誰も、すべての人。

arcāy あらゆる人、だれでも。

armēθ 毎日。

arsōl 毎年。

arx̌ūm 毎夕。

arakat *n.m.* 運動、動き、動作。

arakat cīdōw 動く。

aram *ad.* 下に。

aray *num.* 3、三。

arayum 第3番目の。

arāq[1] *n.m.* 汗 (あせ)。

arāq[2] *n.m.* アラック酒。

arbi *a.* 戦争の、戦闘の。

arbi kōr 戦闘。

arbōb *n.m.* 地主。

arδīn *n.m.*【植】茜（アカネ）。

arδūn *n.m.* 竈（カマド）。

arδūnǰak *n.m.* 雀斑（そばかす）。

arēd *ad.* ここに。

arf *n.f.* 文字。

argiz *ad.* けっして（…ぬ）。

argūn *conj.* もし…さえすれば。

arīžm *n.m.* 煤（すす）。

arǰō *ad.* どこでも。

arōba *n.m.* 荷車。

arqa *n.m.* 背中の上部。

arra *n.f.* 鋸（のこぎり）

arrakax̌ *n.m.* 樵夫（きこり）。

arratāžīǰ *n.m.* 樵夫（きこり）。

arrāng *a.* あらゆる、ありとあらゆる。

arrix̌tōw (arrāz:arrux̌t) *vi.* 立ち上がる；努力する。

artān *pron.* だれでも、皆。

arθīm *n.m.*（雪崩の）雪の粉。

arūd *ad.* ここに、ここの下に。

arwō *n.m.* 霊魂；幽霊；魂。

arz *n.m.* 祈願、嘆願。

arzūn *a.* 安い、安価な、廉価な。

as *prep.*（…）から。

as pirō 前から。

as qāstakaθ 故意に、わざと。

as bar 諳じて。

as baraki 諳じて。

asal *n.f.* 蜂蜜。

asalcivīnc *n.m.* 蜜蜂。

asar *n.f.* 結果、成果；著述、作品、著作。

asbōb *n.m.* 道具。

asīd *ad.* 今年。

tar asīdaθ 今年（に）。

askar *n.m.* 軍、軍務。

askari *n.m.* 軍務；兵役。

asli *a.* 真の、本当の。

aslō *ad.* 決して、どうしても、断じて。

asōb *n.m.* 計算、勘定。

asōb čīdōw 計算する、勘定する、数える。

asōs *n.m.* 基礎、基本。

asri *n.f.* 時代、時期。

ašērtōw (ašēr:ašērt) *vt.* 恥を掻かせる、中傷する、辱める。

–at[1] *encl.* と、そして。

alyōk-at kulčā チーズとクルチャ。

–at[2] 時を表す接尾辞

yi mēθat ある日、ある時、かつて。

x̌ābat 夜に。

awali buōrat 春の初めに。

ata *conj.* そして、それから。

atri *n.m.* 香水；香料。

atyōt *n.m.* 注意、警戒。

atyōt čīdōw 注意する、警戒する。

–avēn *post.*（…）のために。

avi *int.* 沢山だ、もういい。

awalīn *a.* 最初の。

awas *n.m.* 空想、夢想。

awas čīdōw 空想する。

awējūn *a.* 懸ける、ぶらさがった。

awējūn čīdōw 懸ける、ぶら下がる。

awēli *n.m.* 家、屋敷。

awγūn *n.m.* アフガン人。

awγūni *a.* アフガンの。

awγūnistūn *n.* アフガニスタン。

awīntōw (awīn:awīnt) *vt.*（堅果などを）振り落とす。

awj *a.* 深い。

awji *n.m.* 深さ、深度。

awli *n.m.* 家、屋敷、邸。

awlōd *n.m.* 子供達。

awō *n.m.* 空気；大気。

awōz *n.m.* 声、音声。

awqōt	*n.m.* 食料、食糧。
awqōt čīdōw	暮らす、生存する。
awrat	*n.f.* 女、婦人、女性。
awz	*n.m.* 池；貯水池。
	—*a.* 深い。
axta	*a.* 去勢された。
ax̌īb	*ad.* 一昨日。
ax̌ībīnǰ	*a.* 一昨日の。
ay	*n.m.* 駆り立てること。
ay čīdōw	駆る、追い立てる。
ayb	*n.m.* 落ち度、科；不足；欠陥。
aybdōr	*a.*落ち度のある、科のある;欠陥の。
aybi	*a.* 不具の。
aylōk	*n.m.* チーズ。
ayrūn	*a.* 驚いた、驚愕した。
ayrūn sittōw	驚く。
ayš	*n.m.* 楽しみ、享楽。
ayš čīdōw	楽しむ、享楽する。
ayūm	*n.m.* 祝日。
ayūm čīdōw	祝う。
aywūn	*n.m.* 動物。
azō	*n.m.* 喪、服喪。
azōb	*n.m.*重荷、厄介なもの;苦痛、苦悩。
azōr	*num.*1000、千。
azōyim	*n.m.* 叱責、訓戒。

azōyim čīdōw 叱責する。

aždaōr *n.m.* 竜。

ažērtōw （ažēr:ažērt） *vt.* 濡らす、湿す。

ā

ā *conj.* だが；そこで；併し。

ād[1] *n.m.* 境界、境。

ād[2] *n.m.* 契約；約束。

ādris *n.m.* 住所。

āǰ *n.m.* 巡礼、ハッジ。

ba āǰ sittōw 巡礼する。

āl[1] *n.m.* 解決；解答；溶解。

āl[2] *a.* 柔らかい、柔軟な。

ālūn *n.m.* 布告、告示。

ālūn čīdōw 布告する、告示する。

āmaq *n.m.* 馬鹿者、阿呆。

āwast *n.m.* 叫び、大声；金切り声。

āzō *n.m.* 手足、器官；会員、メンバー。

āzōgi *n.m.* メンバーシップ。

b

babri *n.m.* 虎（トラ）。

bača	*n.m.* 子供。
bačamard	*n.m.* 若者、青年。
bačgala	*n.m.* 子供達。
bad	*a.* 悪い、悪質な、不良な。
badan	*n.m.* 体、身体。
badaxxūn	*n.m.* バダフシャーン。
badbaxt	*a.* 不幸な、不運な。
badgumūn	*a.* 疑い深い。
badi	*n.m.* 悪、悪事；不正。
badqār	*a.*怒りっぽい、短気な、癇癪持ちの。
baγēr	*ad.* きっと、確かに。
baγit	*a.* 嫉ましい、羨む、妬む。
bajōy	*a.* 実行されて、履行されて。
bajōy čīdōw	実行する、履行する。
bajū	*n.m.*【地名】バジュー。
bakal	（*m.* bukul）*n.f.* 雌の小牛。
balad	*a.* 知っている、熟知した。
balad čīdōw	知らせる。
balad sittōw	知る。
balē	*ad.* はい、そうです。
balki	*conj.* しかし、だが、それでも。
balō	*n.m.* 不幸、災厄、苦難、災い。
bamarwat	*ad.* 用心して、慎重に。
bamaza	*a.* 美味しい、うまい、美味な。
band	*n.m.* 逮捕、勾引；監禁、拘留。

band čīdōw 逮捕する；拘留する。

bandazōd *n.m.* 人間。

bandi[1] *n.m.* 囚人；捕虜。

bandi čīdōw 捕虜にする；拘留する。

bandi[2] 次の語結合のみで用いる

bandi dast 手首。

bandi kū 山頂。

bandūn *a.* 閉鎖されて、監禁された。

bang *n.m.* インド大麻；ハシーシュ。

bangi *n.m.* ハシーシュ常用者。

baōr *n.m.* 春。

baq （*m.* buq） *a.f.* 突出した。

—*n.* 丘、岡。

baquwat *a.* 力強い、強い、強力な。

barakat *n.m.* 祝福。

barakatdōr *a.* 幸運な、運の強い、仕合せな。

bardōx̌t *n.m.* 持久力、堅忍、忍耐力。

bardurūγ *ad.* 偽って。

barfōb *n.m.* 雪崩。

barγa *n.m.* 突くこと、押すこと。

barγa čīdōw 突く、押す。

barǰōy *a.* あるべき所に、しっかりとした。

barmāy *n.f.* ドリル、穴あけ。

barōbar *a.* 等しい、同等な。

barq *n.m.* 稲妻、電光。

bartēpčak *a.* 巻いた、よった；もつれた。

barzangi *n.m.* 悪魔、魔。

barzīn *n.m.* 包むこと、巻き付けること。

　barzīn čīdōw 包む、くるむ。

basamar *a.* 熟した。

basī *n.m.* 十分。

bast *n.m.* 定量；部分；分け前。

basūz *a.* 燃えて、火のような。

bašānd *a.* 良い、いい、立派な、結構な。

bašāndi *n.m.* 良さ、よさ、立派さ。

bat *n.m.* 胸、胸部。

batrak *n.m.* 作男、日雇い農夫。

bawafō *a.* 忠実な、誠実な。

baxīl *a.* けちな、しみったれの。

baxmal *n.m.* ビロード。

baxt *n.m.* 運命、宿命、天命。

baxudō *int.* きっと、確かに。

bax̌xix̌ *n.m.* 許し、容赦、勘弁。

　bax̌xix̌ čīdōw 赦す、宥す。

bay *n.m.* 価格、値段、代価。

bayraq *n.m.* 旗。

bazēb *a.* 美しい、綺麗な。

bazm *n.m.* 宴会。

bazūdi *ad.* 迅速に、速く。

bazūr *ad.* 無理に、強制的に。

bā n.m. 接吻、キッス。

bād ad. あとで、あとに。

bāγdōw (bāγ:bāγd) vi.（ブーンという）音を出す（立てる）。

bāǰak n.m. クルミ。

bāna n.m. 口実、言い訳。

bānd n.m. 巻き紐、縄。

bār n.m. 上部。

bārā n.m. 収穫。

bās a. 十分な、沢山の。

bās δērtōw 処理する、扱う。

bāt n.m. かゆ。

bāx̌ n.m. 天命、宿命、命数。

bāzi a. 若干の。

—n.m. 若干。

bēaqli a. 愚かな、馬鹿な。

bēayb a. 無罪の、潔白な。

bēbarakat a. 不首尾の、失敗の。

bēbārā a. 不毛の；不妊の。

bēbēlat a. 切符のない。

bēčōr n.f. 寡婦、未亡人。

bēčōragi n.m. 貧困；欠乏。

bēdōr a. 目が覚めて；自覚して。

bēduqat a. のんきな、楽天的な。

bēδindūn a. 歯のない。

bēδūd *a.* 無煙の。

bēfarzand *a.* 子のない、子供のいない。

bēfōyda *a.* 無益な、つまらぬ。

bēgōri *n.m.* 強制労働。

bēgumūn *ad.* 疑いなく、確かに。

bēgūna *a.* 外国の。

—*n.* 外国人。

bēγam *a.* 心配のない；悲しみのない。

bēγaraz *a.* 公平な、無私の。

bēinsōf *a.* 不公平な、不正な。

bēǰad *a.* 不正の、不誠実な。

bēǰōy *a.* 不適切な、場所柄でない。

bēǰūn *a.* 死んだ、生命のない。

bēk *n.m.* ベーク（貴人・大官の称号)。

bēkamar *a.* 衰弱した、やつれた。

bēkasōti *n.m.* 孤独。

bēkat *n.m.* 宿場。

bēkōr *a.* 暇な；解放された；役に立たない。

bēkōra *a.* 暇の；怠け者の、

—*n.m.* 怠け者。

bēkūdak *a.* 子のない。

bēl *n.m.* （鉄製の）鋤。

bēlat *n.m.* 切符、券；証券。

bēlčak *n.m.* シャベル。

bēmaza *a.* 不味い、味のない；無味乾燥な。

bēmēr *a.* 残忍な、残酷な；薄情な。

bēmōr *a.* 病気の。

bēmōri *n.m.* 病気。

bēn *n.f.* 掌（たなごころ）。

bēnafas *n.m.* 失敗者。

bēnawō *n.m.* 貧乏人。

bēnix̌ūn *a.* 無数の。

bēōbi *n.m.* 恥辱、不名誉、不面目。

bēōbrūy *a.* 破廉恥な、無恥な、厚顔な。

bēpadari *n.m.* 浪費、乱費。

  bēpadari čīdōw 浪費する、乱費する。

bēstōw （bēs:bēd） *vi.* 紛失する、無くなる。

bēwa *n.f.* 寡婦、未亡人。

bēwēx *a.* 破壊された、壊れた。

  bēwēx čīdōw 破壊する、壊す。

bēwux̌ *a.* 気を失った、気絶した。

bēwux̌i *n.m.* 気絶、失神。

bēxabar *a.* 知らない；気づかない。

bēxilīwandaθ *ad.* 突然に、出し抜けに。

bēxīnur *a.* 乱暴な。

bēxōb *a.* 不眠の。

bēxuδōy *a.* 不信心な。

bēx̌armi *a.* 恥知らずの、厚かましい。

bēx̌tōw （bōz:bēx̌t） *vt.* 遊ぶ。

  wulčāk bēx̌tōw ぶらんこ遊びをする。

gūy bēx̌tōw ポロをする。

bēx̌ōǰ *a.* 勇敢な、大胆な。

bēzamīn *a.* 土地のない。

bēzēb *a.* 醜い。

bēzindagi *n.m.* 生命のないこと。

bēzōr *a.* うんざりした、飽きた；退屈な。

bibi *n.f.* 婦人、貴婦人。

bidāl *n.m.* 代用、取り替え。

bidāl čīdōw 取り替える。

biδānd *n.f.* 鞍（くら）。

biδēmtōw (biδēmb:biδēmt) *vt.*（目）閉じる。

biδīvdōw (biδafc:biδūvd) *vi.*（目が）閉じる。

biγ̌ēntōw (biγ̌ēn:biγ̌ēnt) *vt.*（樹木を）揺すぶる、揺する。

biǰilak *n.m.*（小骨遊びの）小骨。

biǰīndūn *n.m.* 納屋。

biǰōzg *n.m.*（小羊や雄の小牛の）口輪、口籠（くつご）。

biǰūγ *n.* 脇の下。

bilaxlaxak *n.m.* くすぐること。

bilaxlaxak čīdōw くすぐる。

bilīsak *n.m.* 竜巻、旋風。

binēstōw (binēs:binēst) *vi.* 失う、紛失する。

bingak *n.m.* ロバの子。

binō *n.* 基礎；建物；建設。

binō čīdōw 建設する、建てる。

birēwdōw (birēw:birēwd/birūd) *vt.* 乳離させる。

birēx̌tōw (birēz:birōx̌t) *vt.* 飲む。

birinj *n.f.* 米。

birinjzōr *n.m.* 稲田、田。

birnēγ̌dōw (birnēγ̌:birnēγ̌d) *vt.* 振る、振り動かす。

birōdarxūn *n.m.* 義理の兄弟。

birūčak *n.m.* (狼の) 咆哮。

birūčak čīdōw (狼が) 吼える。

birūǰ *n.* 白樺の表皮。

birūt *n.* 口髭。

bismil *n.* 腫物。

bismillō *int.* 神の名において。

bispār *n.m.* (馬が) 蹴ること。

bispār δēdōw 蹴る。

bistar *n.m.* 寝床、臥床。

bistūn *n.m.* 家畜の乳房。

bisyōr *a.* 多くの。

biš *n.m.* (女性の) 乳房、乳首;(動物の) 乳房。

biš xīdōw 乳を吸う。

bišuq *n.* ハイソックス、長靴下。

bix̌čīdōw (bixčār:bixčūd) *vt.* (水を) 汲む。

bix̌tūn *n.m.* 太もも、大腿。

biyīx̌t *n.m.* 天国。

biyōr *ad.* きのう、昨日。

bizīdōw (bizīn:bizīd) *vt.* (家畜を) 追い込む、追いやる。

bizīg *n.m.* 棍棒。

bizurg *a.* 神聖な、聖なる。

bīftōw (bāf:bīft) *vi.* 役に立つ、適する。

bīg *n.f.* 粘土製の壷。

bīm *n.m.* 恐れ、恐怖。

bīnjak *n.f.* 蝋燭の燃え差し。

bīr[1] *n.m.* 下、下部。

bīr[2] *n.m.* ベッド、寝台；寝床。

bīrīn *a.* 下の、下部の。

bīst *num.* 20、二十。

bōb *n.m.* おじいさん；祖父。

bōbak *n.m.* 【植】アニス。

bōbō *n.m.* おじいさん。

bōdimaraz *n.m.* 梅毒。

bōdōr *n.m.* 主人、主。

bōdring *n.m.* キュウリ。

bōdur *n.m.* 勇者、武人、武士。

bōdūm *n.f.* アーモンド。

bōδ *n.m.* 梅毒。

bōγ *n.m.* 庭、庭園。

bōγbūn *n.m.* 庭師。

bōγbūni	*n.m.* 造園、園芸、庭造り。
bōγča	*n.m.* 花壇；菜園。
bōγdōr	*n.m.* 庭園所有者。
bōǰa	*n.m.* 妻の姉妹の夫。
bōǰak	*n.m.* クルミ。
bōliqa	*n.* 槌。
bōr	*n.m.* 回、度。
bōrdūn	*n.* 薪。
bōrik	*a.* 薄い、厚みのない。
bōrūn	*n.m.* 雨。
bōsawōd	*a.* 読み書きの出来る。
bōsmač	*n.m.*（バスマチ）中央アジアの反革命叛徒。
bōša	*n.m.*【鳥】ハイタカ。
bōwar	*n.m.* 信じること。
bōwar čīdōw	信じる。
bōwarax̌	*n.m.* 確信；信念；信頼。
bōy[1]	*a.* 金持ちの；豊かな。 —*n.* 金持ち。
bōy[2]	*n.* 穴；空洞。
bōz	*n.m.*【鳥】タカ。
bōzi	*n.m.* 遊び；ゲーム、試合。
bōzikunak	*n.m.* 玩具。
bōzingar	*n.m.* 玩具。
bōzōr	*n.m.* バーザール、市場。

bōzōri *a.* 恥じるべき、破廉恥な。

bubūbak *n.m.*【鳥】ヤツガシラ。

buc (*pl.* bacēn; *f.* –bic) *n.m.* 子供；子。

  γiδabuc 少年、男の児。

  γācbic 少女、女の子。

  čux̌buc 雄犬の子。

  čax̌bic 雌犬の子。

buč *n.m.* 雄山羊（ヤギ）。

bučak *n.m.* 子山羊（ヤギ）。

bug *n.m.*（乾草・穀物の）堆積［山］。

buγi *n.m.* 憎悪、嫌悪。

buγrō *n.m.* 雄のラクダ。

bukul *n.m.* 雄の小牛。

bulbul *n.m.* ブルブル、サヨナキドリ。

bun *n.m.* 底、基底；基礎、根本。

buna *n.m.* 家、家屋。

bunagi *n.m.* 組織、構成；建設。

buq *n.m.* 岡、丘；山、堆積。

—*a.* (*f.* baq) ずんぐりした、低く小さい。

buqmīδ *a.* せむしの、ねこ背の；隆起のある。

burd *n.m.* 勝ち。

burǰ *n.m.* 壁。

burs *n.m.* ブラシ。

but *n.m.* 偶像。

buxōri *n.m.* ブハラ人。
—*a.* ブハラの。

būd *n.m.* （織物の）緯糸。
tōr–at būd 経糸と緯糸。

būγ *n.m.* 蒸気、湯気。

būǰīn *n.f.* 袋。

būm *n.f.* フクロウ。

būn *n.f.* 髭（ひげ）。

būnin *a.* 髭の生えた。

būnǰ *n.m.* コール墨用の棒。

būrǰ *n.f.* 大丸石；石。

būt *n.m.* 靴。

būtal *n.m.* ボトル、壜（ビン）。

būy *n.m.* 匂い；臭気；香気。

C

ca *pron.* 何。—*a.* 何の。
carang どんな。
cawaxt いつ。

can *n.f.* 弓。

card *ad.* 何のために。

cavōr *num.* 4、四。

cēm *n.f.* 目、眼。

cēmak	*n.m.* 眼鏡。
cēptōw	（cēp:cēpt） *vt.* 触る、触れる。
cēx̌tōw	（cēx̌:cēx̌t） *vt.* 薪を集める。
ciftōw	（cif:cift） *vt.* 盗む。
cimūd	*n.m.* 籠、バスケット。
cirōw	*n.f.* ランプ。
cirōw piδin!	ランプをつけなさい。
civīnc	*n.f.* キバチ。
cīx̌	（*f.* cāx̌） *a.* 苦い。
cōγ̌j	*n.f.* 錐；千枚通し。
cōw	*n.m.* 収穫。
cōw čīdōw	刈る、収穫する。
cōwgar	*n.m.* 刈る人、刈り手。
cōx̌	*a.* 乱れた、皺くちゃの。
cuγ	*n.m.* 切れ目、裂目。
cuγ δēdōw	破る、裂く、引き裂く。
cuq	（*f.* caq） *a.* 垂直の、真っすぐな。
cux̌	（*f.* cix̌） *a.* 乱れた、ぼさぼさの。
cūδm	*n.m.* 低木、灌木；ニガヨモギ。
cūnd	*a.* いくら、どれだけ。

Č

čagas	*n.m.* 横げた、横木。
čakak	*n.m.* 漏れ、滴下。

čakak čīdōw	漏れる。
čalak[1]	*n.f.* バケツ。
čalak[2]	*n.m.* 錘（つむ）。
čallūs	*n.m.* ずるい人。
čambār	*n.m.*（桶などの）たが。
čand	*a.* いくらの、いくつかの。
čandīn	*a.* 若干の。
čang	（*m.* čung）*a.f.*（腰の）曲がった。
čangin	*n.f.* 蝿（ハエ）。
čangōl	*n.m.*（鳥獣の）爪。
čangōl δēdōw	引っ掻く。
čanōr	*n.m.* スズカケノキ、プラタナス。
čapān	*n.m.* チャパン（寛やかな長衣）。
čaptōw	（čap:čapt）*vt.* むしゃむしゃ音を立てて食べる。
čaqčaq	*n.* おしゃべり、茶話、無駄話。
čarō	*n.* 放牧。
čarō čīdōw	草を食う。
čarō δēdōw	放牧する。
čarōgō	*n.m.* 牧場、牧草地。
čarvi	*n.m.* 脂肪。
čarvidōr	*a.* 脂肪の多い、肥満した。
čarxak	*n.m.* 輪（わ）。
čatri	*n.f.* 傘。
čawki	*n.f.* 椅子（いす）。

čax̌ *n.f.* 雌鶏（めんどり）。

čax̌ǰīc *n.* 鶏小屋。

čax̌ma *n.f.* 小川、流れ；泉。

čaynak *n.* 急須、湯沸かし。

čāγ̌ （*m.* čūγ） *a.f.* 斑の、雑色の。

čāl *n.* 水溜り。

čālin *a.* 濡れた、湿った；泥だらけの。

čāng *n.* （鳥・獣の）爪；チャング（楽器）

čāp *a.* 左の。

čāpdast *n.m.* 左利きの人。

čāq *n.* 権力、力、支配。

čārγ *n.* 【鳥】タカ。

čārx[1] *n.m.* 輪；車。

čārx **δēdōw** 研ぐ。

čārx[2] *n.f.* （足動の）紡車。

čārxrēg *n.* 砥石。

čāxt （*f.* čēxt） *a.* 曲がった；歪んだ。

—*n.* 鉤。

čāy *pron.* 誰、どんな人。

čāyga 誰がいったい、いったい誰が。

yičāy 誰か。

tut čāy? 君は何ものですか？

ci （cāyの斜格） なにの。

cir 何に。

cind 何の。

čēd	*n.f.* ナイフ。
čēktōw	(čēk:čēkt) *vi.* 滴る。
čēkūntōw	(čēkūn:čēkūnt) *vt.* 搾りだす。
čēmtōw	(čēmb:čēmt) *vt.* 欲する。
čērij	*n.m.* 耕作；鋤。
čērij čīdōw	耕作する、耕す。
čērijgār	*n.m.* 耕作者。
čērtōw	(čēr:čērt) *vt.* 耕作する。
čēwdōw	(čēw:čēwd) *vt.* (かゆい所を) 掻く。
čēxt	(f.čāxt) *a.* 曲がった。
čēxtbēl	*n.m.* 鍬 (くわ)。
čib	*n.f.* さじ、スプーン。
čibūd	*n.m.* 鳩 (ハト)。
čidγīnc	*n.f.* イラクサ。
čidīr	*n.m.* 煤 (すす)。
čiǰōrč	*n.* 茸 (きのこ)。
čiktōw	(čak:čakt) *vi.* 滴る、漏れる。
čil	*num.* 40、四十。
čilāptōw	(čilāp:čilāpt) *vi.* ぬかるみを歩く。
čilbēsk	*n.f.* トカゲ。
čilim	*n.m.* 水ぎせる。
čila[1]	*n.m.* (宝石入の) 指輪。
čila[2]	*n.m.* 40 日。
čilyak	*n.m.* 樹皮。
čind	(cay の属格) *pron.* 誰の。

čipōs	*n.m.* 綿（ワタ）。
čipōsruγan	*n.m.* 綿実油。
čiqir	*a.* 斜めの、はすの；曲がった。
čiqur	*a.* 深い。
čiquri	*n.* 深さ。
čird	（cāy の与格） *pron.* 誰に。
čirk	*n.* 汚れ；膿。
čirkin	*a.* 汚れた；膿のある。
čit	*n.* 更紗（さらさ）。
čix	*int.*（犬に対して）退け！去れ！シーッ！
čixīrǰ	*n.* 虫。
čīd	（*pl.* čadēn） *n.m.* 家、家屋。
čīdōw	（kin:čūd） *vt.* する、為す。
čīlapak	*n.m.* 波。
čīlapak δēdōw	振る。
čīn	*n.m.* 中国。
čīna	*n.* コップ。
čīntōw	（čān:čīnt） *vt.* 掘る。
čīr	*pron.* 何。
čīrat čūd?	君は何をしたのか？
čīrak	*n.m.* しゃっくり。
čīrak čīdōw	しゃっくりをする。
čīrm	*n.* 虫。
čix̌tōw	（čis:čūx̌t） *vt.* 見る、眺める。

čīz　*n.* もの、事物、なにかあるもの。
—*pron.* 何；なぜ。
　čīzard? čizrad?　何のために、なぜ？
　čīz lūvi?　何を君は話しているのか？
čīzdōr　*a.* 裕福な、豊かな。
čō　*n.m.* 井戸。
čōdar　*n.m.* 馬被、馬衣；チャードル。
čōk　*n.f.* つるはし。
čōp　*n.m.* 印刷。
　čōp čīdōw　印刷する。
　čōpkunīǰ　タイピイスト。
čōpxūna　*n.m.* 印刷所。
čōq[1]　*n.m.* 裂目、切れ目。
čōq[2]　*a.* 健康な、元気な。
čōqū　*n.f.* ナイフ。
čōr　*n.m.* 夫（おっと）、亭主；男。
čōra　*n.m.* 手段、仕方、方法、打つ手。
čōrbōγ　*n.m.* 庭園、パーク。
čōrda　*num.* 15、十五。
čōrdast　*ad.* 駆足で。
čōrik　*n.m.* 男；人。
čōrpō　*n.m.* 動物。
čōrpōya　*n.m.* 寝台、ベッド。
čōršambi　*n.m.* 水曜日。
čōryōri　*n.m.* スンニー派教徒。

panǰtani シーア派教徒。

čōx̌dūn *n.f.* 小箱。

čōx̌t *n.f.*（穀物の束の運搬用）架。

čōy *n.f.* お茶。

čōyǰūx̌ *n.f.* 湯沸かし、薬罐。

čukri *n.m.* ダイオウ（大黄）。

čuktōw （čuk:čukt） *vt.* 打つ。

čung （*f.* čang） *a.* 腰が曲がった。

čungak *n.f.* 銛；釣り竿。

čungak wēδdōw 銛で捕らえる。

čust *ad.* しっかりと、固く。

čust čīdōw 締める、固定する。

čuš *int.* とまれ！ストップ！

čux̌[1] （*f.* cax̌） *n.m.* 雄鶏。

čux̌[2] *int.* 行け！

čūb *n.m.* 木、木材。

čūbtirōx̌ *n.m.* 大工。

čūγ （*f.* čāγ） *a.* 斑の、雑色の。

čūk *n.m.* 鳥。

čūl *n.m.* 荒野、荒地。

čūn *a.* つんぼの。

čūpūn *n.m.* 羊飼い（人）。

čūpūni *n.m.* 羊飼い、羊の番をすること。

čūpūni čīdōw 羊の番をする。

čūrδ *a.* 曲がった。

čūšǰ n.m. 大麦。

d

dabal n.m. 攻撃、襲撃。

dabal čīdōw 攻撃する。

daδ ad. 後で；そこで、それで。

daftar n.f. 帳面、ノート。

daγal a. 粗野な、不作法な。

dakō ad. しばらく、当面は、当分。

dakūn n.f. ベンチ、腰掛け。

dal n.m. 望み、希望；要求、要望。

dalēl n.m. 論拠、論証。

dalīl n.m. 能力；意見、見解。

dandūnxōrak n.f. 爪楊枝。

dappaθ ad. 突然に。

daqsuq n.m. 探索、捜索。

dara n.f. 谷、渓谷。

daraja n.m. 位；程度；度、目盛り。

darak n.m. 消息、知らせ、便り。

daraw ad. 即刻、至急、ただちに。

daraxt n.m. 木。

darδ n.m. 痛み、苦痛。

darδ čīdōw 痛む。

dargīl	*a.* 悲しい、痛ましい；不幸な。
dargō	*n.m.* 宮殿；王座。
darkōr	*a.* 必要な、入用な。
darkōri	*n.m.* 必要、入用。
darmūn	*n.f.* 腸。
darōz	*a.* 長い。
darōzaki	*a.* 非常に長い。
darōzi	*n.m.* 長さ。
darqār	*a.* 立腹して、怒った。
dars	*n.m.* 学課；授業、勉強。
dars x̌ēydōw	学習する。
dars δēdōw	授業をする、教える。
dartōv	*a.* 焼いて。
dartōv čīdōw	焼く；焙る；焦がす。
dartōv sittōw	焼ける；焦げる。
darūn	*n.m.* 内部。
darūnard	中へ。
darūnd	内部に。
as darūn	内部から、うちから。
	—*ad.* うちへ、中へ。
darwēx̌	*n.m.* デウィーシュ、托鉢僧。
darwōz	*n.m.*【地名】ダルワーズ。
darwōza	*n.m.* 門、門扉。
daryō	*n.f.* 海；川。
daryōlāv	海岸。

daryōv n.m. 掴むこと、握ること。
　daryōv čīdōw 掴む、握る。
dasbandak n.m.（おしめを押さえる）紐。
dast n.m. 手。
　bandi dast 手首。
　dast ba kamar čīdōw 散財する。
　ba dast vīdōw 占領する、手中に収める。
dasta n.m. ハンドル、把手、握り。
dastak n.m.（扉の）方立（ほうだて）、側柱。
dastaki a. 手の；手動の。
dastmūza n.m. 手袋。
dastōr n.m. ターバン。
dastpōkun n.m. ハンカチ。
dastūr n.m. 規則、規定；慣習；訓令、指図、指示、命令。
dastxat n.f. 署名、サイン。
daw n.m. 競走。
dawand a. 速い、速く走る。
dawlat n.m. 力；国家、財、富。
dawlatdōr a. 金持ちの、財のある。
　—n. 金満家、富豪。
dawlati a. 国の、国家の。
dawō n.m. 薬、医薬、薬剤。
dawōyi n.m. 治療。
　dawōyi čīdōw 治療する。

dawri	*n.m.* 時期、時代。
dawrūn	*n.m.* 時期、時代。
dawūn	*n.m.* 着手。
dax̌ti	*n.m.* 荒野。
dād	*n.m.* おとうさん。
dāf	*n.f.* 手太鼓。
dāf δēdōw	手太鼓をたたく。
dālīj	*n.f.* 玄関。
dām[1]	*n.m.* 呼吸；ふいご。
dām[2]	*n.m.* 背中、背。
dāmfāɣ̌ak	*n.m.* あくび。
dāmfāɣ̌ak čīdōw	あくびをする。
dāmīj	*n.m.* 火を起こすこと。
dāmīj čīdōw	火を起こす。
dāmtōw	(dām:dāmt) *vt.* 火を起こす。
dāmxōrak	*n.f.* 馬櫛。
dāwat	*n.m.* 供養、追悼。
dāwō	*n.m.* 論争、口論；訴訟。
dāx̌t	*n.f.* 平地、平原。
dēk	*n.f.* 大鍋。
dēkak	*n.f.* 鍋。
dēkbic	*n.f.* 小さい鍋。
dēr	*ad.* 遅く。
dēw	*n.m.* 妖怪；悪魔。
dēwōl	*n.m.* 壁；塀。

dēwōlgār *n.m.* 石工、石屋。

dēwōli *a.* 壁の。

dēwōli gazēt 壁新聞。

dēwūna *a.* 気違いの、気の触れた。

dičōr *ad.* 出会って、向かい合って。

dičōr δēdōw 遭遇する、出会う。

dičōr sittōw 遭遇する、出会う。

diga *ad.* まだ；さらに、もっと。

digar *n.m.* 夕方の礼拝。

diγ̌vāj *n.m.* 裂目、割れ目。

diγ̌vēr *n.m.* 子ヤギ。

dil *n.m.* 心臓；心。

dilbar *n.f.* 美人、麗人。

dil-dil čīdōw *vt.* 慰める。

dilēr *a.* 勇敢な、勇気のある、大胆な。

dilōwar *a.* 勇敢な、勇気のある、大胆な。

dilsardi *n.m.* 落胆、意気消沈。

dinyō[1] *n.f.* 世界。

dinyō[2] *n.m.* 悪天候（降雨・降雪）。

dinyōdax *n.m.* 悪天候（降雨・降雪）。

dinyōgi *n.m.* 現世の悩み、心労。

dinyōrdōr *n.m.* 金持ち、金満家、富豪。

diqat *n.m.* 注意、用心。

diraxt *n.f.* 木。

diraxtzōr *n.m.* 森、森林。

dirust *a.* 正しい；公正な、公平な。

dirux̌t *a.* 粗野な、不作法な、乱暴な。

dirūγ *n.m.* 嘘、偽り、欺き。

  dirūγ lūvdōw 嘘を吐く。

dirūγaθ *ad.* 無駄に、無益に、徒に。

dirūγgūy *n.m.* 嘘つき。

dis *ad.* それでは、ところで、では。

  dis čīzard? で、何故だ。

dišīd (dišadēn) *n.m.* 屋根。

divēnij *n.m.* 籭別；籭ること。

  divēnij čīdōw 籭(ひ)る。

divēntōw (divēn:divēnt) *vt.* 籭る。

divēsīǰ *n.m.* 示す人、指導者。

  pūndivēsīǰ 案内人、先導者。

divix̌tōw (divēs:divix̌t) *vt.* 示す、見せる。

divūsk *n.f.* 蛇。

diwēntōw (diwēn:diwēnt) *vt.* 駆る。

diwōzda *num.* 12、十二。

diyōr *n.m.* 村、村落；地方、地域。

dī *n.m.* 村、村落、農村。

dīda[1] *a.* 老練な、経験豊かな。

dīda[2] *n.m.* 目、眼。

dīdgi *a.* 通暁した、熟練の、明るい。

dīn *n.m.* 宗教。

dōd *n.m.* 父、父親。

dōdēǰ *n.m.* 継父。

dōδ *n.m.* 告訴。

dōγ *n.f.* 焙印、焼印。

  dōγ čīdōw 焼印を押す。

dōr *n.m.* 絞首台。

dōrbōz *n.m.* 軽業師。

dōska *n.f.* 黒板。

dōsrand *n.f.* 鉋（かんな）

  dōsrand δēdōw 鉋をかける。

dōw *n.m.* 意図、意向。

dōya *n.f.* 乳母。

dōyim *ad.* 常に、いつも；永久に。

dumba *n.m.* 脂肪の多い羊の尻尾。

duō *n.m.* 祈願、祈り。

dur *n.m.* 真珠。

duraga *a.* 雑色の。

dušambi *n.m.* 月曜日。

duwōt *n.f.* インク壷。

dux *n.m.* 香気。

duxtur *n.m.* 医者、医師。

  duxturxūna 診療所。

dux̌man *n.m.* 敵。

duzd *n.m.* 盗人、泥棒。

duzdi *n.m.* 盗み、窃盗。

  duzdi čīdōw 盗む。

dūda	*n.m.* 煤（すす）。
dūkūn	*n.m.* 店、商店。
dūkūndōr	*n.m.* 店主。
dūna	*n.m.* 穀粒。
dūnd	*ad.* それほど、それ位。
yikdūnd	これほど。
didūnd	そんなに、それほど。
dūndga	そんなにも、まだこんなに。
dūnix̌	*n.m.* 博学、博識。
dūnix̌mand	*a.* 博学の、博識の。
dūnō	*a.* 賢明な、鋭敏な、明敏な。
dūr	*n.f.*（穀物用の）籠。
dūrbīn	*a.* 鋭い、遠視の。
	—*n.* 双眼鏡、望遠鏡。
dūs	*a.* 少しの、ちょっぴりの。
dūsguna	*ad.* 少し、ちょっぴり。
dūst	*n.m.* 友人、友達。
dūst čīdōw	和睦させる。
dūst sittōw	親交がある。
dūstdōri	*n.m.* 友情、親交、交友。
dūstdōri čīdōw	親交を持つ。
dūsti	*n.m.* 友情、親交、交友。
dūzax	*n.m.* 地獄。

δ

δakīǰak[1] *n.f.* 人差し指。

δakīǰak angixt 人差し指。

δakīǰak[2] *n.f.* ダニ。

δar *a.* 遠い。

δar čīdōw 遠ざける、離す；駆り立てる。

δēd *n.m.* 戦い、戦争。

δēd čīdōw 戦う、戦争する。

δēdōw[1] (di:δōd) *vt.* 打つ、叩く。

diyum（dīm） わたしは殴る。

δēdōw[2] (δi:δōd) *vi.* 始める、しだす；降る、落ちる。

δiyum（δīm） わたしは始める。

bōrūn δēd 雨が降っている。

žiniǰ δēd. 雪が降っている。

vār δēdōw 出来る。

pirō δēdōw 渡る。

tir δēdōw 立ち上がる、上がる。

dinyō δēdōw 悪天候だ（雪、雨が降る)。

wūrv δēdōw 沸騰する。

δēdōw[3] (δāδ:δōd) *vt.* 与える。

δāδum（δām） わたしは与える。

qulf δēdōw	鍵を締める、施錠する。
arra δēdōw	鋸でひく。
dōsrand δēdōw	鉋で削る。
δēγ̌	*n.m.*【動】テン（貂）。
δēγ̌zn	*n.f.* 白樺。
δērtōw	(δēr:δūd,δūyd) vt.有する、所有する。
x̌ōǰ δērtōw	恐れる。
bās δērtōw	処理する、扱う。
δērv	*n.m.* 鎌（かま）。
δēsak	*n.f.* ライムギ。
δēw	*n.m.* 悪魔；悪鬼。
δēwin	*a.* 気違いの。
δiδīrm	*n.f.* 枝箒（入浴・掃除用）。
δiktōw	(δak:δikt) *vt.* 舐(な)める。
δindūn	*n.m.* 歯。
δindūnziri	*n.m.* 歯軋り。
δīd	*n.m.* 糞、肥料。
δīf	*n.m.* 針のめど。
δīr	*ad.* 下に、低く。
δīs	*num.* 10、十。
δīs–at yīw	11
δuδīs	20
araδīs	30
δīsδīs	100
δīs–at pīnj	15

δīvdōw (δūv: δūvd) *vt.* 集める；もぎ取る、ちぎる、摘む。

δōrg *n.m.* 竿、棒。

δōx̌c *n.m.* ヤギ（山羊）の毛。

δu *num.* 2、二。

δum *n.m.* 尾、尻尾。

δumcak *n.m.* 尾、尻尾。

δust *n.m.* 手。

δustaki *ad.* 手で。

δustx̌ac *n.m.* 手洗器の水。

δūd *n.m.* 煙。

δūγ *n.f.* ドーグ（ヨーグルトを水で薄めた飲み物）。

δūn *n.m.* 煎った穀粒。

ē

–ēc 形容詞形成接尾辞

  pōδēc 足の。

  tavārēc 斧の。

  tasmāyēc ベルトの、革帯の。

–ēj,ēǰ 場所などの接尾辞

  žīndamēj 麦畑。

  pīnǰēj アワ畑。

garδayēj	パンの粉。
kurtayēj	生地、織物。
yaxēj	異母姉妹。
pucēj	継子。
virōdēj	異母兄弟。
safēdēj	白さ。
tērēj	黒さ。
γundēǰ	グンドの住民。
xōraγēǰ	ホーラグの住民。

f

fabrīk *n.m.* 工場。

falōkat *n.m.* 不幸、不運、災難、災禍。

faltōw (fal:falt) *vi.* 待つ、待ち受ける。

falūni *a.* 某の、これこれの。

fanā *n.m.* 楔（くさび）。

fanō *a.* 疲れた。

fanō sittōw 疲れる。

faōl *n.m.* 活動分子、先鋭分子、活動家。

faqat *ad.* ただ。ただ単に。

farang *n.m.* ヨーロッパ人。

farangi *a.* ヨーロッパの、ヨーロッパ人の。

farbi *a.* 太った、脂肪の多い、肥えた。

farbi sittōw 肥える、太る。

farγēmc *n.f.* 雌の小牛（2・3・才の）。

farōr *n.m.* 逃亡。

farōr čīdōw 逃げる、逃亡する。

farōri *a.* 逃げる、脱走の。
—*n.m.* 脱走者、逃亡者。

farq *n.m.* 違い、相違。

farq čīdōw 違う、相違する。

farsang *n.m.* ファルサング（約6キロメートル）。

farxtōw （farx:farxt） *vi.* 鼻を鳴らす。

farzand *n.m.* 子供。

fawt *a.* 死んだ、死亡した。

fawt sittōw 死ぬ、死亡する。

fax̌tōw （fax̌:fax̌t） *vi.* 息切れがする、喘（あえ）ぐ。

fay *n.m.* 鋤；鍬；シャベル。

fāmtōw （fām:fāmt） *vi.* 理解する、わかる、知る。

fānd *n.m.* 嘘、欺瞞、瞞着。

fānd δēdōw 欺く、一杯食わす。

fāndδaδīj *n.m.* 欺瞞者、詐欺師。

fāndōr *a.* 巧みな、熟練した；狡猾な。

fāš *n.m.* ターバンのたれた端。

fikri *n.m.* 考え。

fikri čīdōw 考える。

firēptōw (firēp:firēpt) *vt.* 送る、送付する。

firēwdōw (firēw:firud) *vt.* 洗浄する、すすぐ、ゆすぐ。

firēx̌č *n.m.* ノミ（蚤）。

firix̌ta *n.m.* 天使。

firīptōw (firāp:firīpt) *vi.* 着く、到着する。

firōx *a.* 広い、広々した、ゆったりした。

firōxaki *a.* 非常に広い。

firōxi *n.m.* 広々としていること；豊富、充実。

firsat *n.m.* 余暇、暇。

firū *ad.* 下に。

firū yēdōw 飲み込む。

firū tīždōw 飲み込む。

fišēγ̌zdōw (fišēγ̌j:fišēγ̌zd) *vt.* 搾りだす。

fiššast *n.m.* （蛇が）しゅうという音。

fiššast čīdōw しゅっという音を出す。

fištīr (*f.* fištār) *a.* 下の、下級の、より若い、年下の。

fištīr virōd 弟。

fištār yax 妹。

fitna *n.m.* 反乱、暴動。

fitnagari *n.m.* 反乱、暴動。

fitnagari čīdōw 反乱を起こす。

fiyak *n.m.* 肩。

fīl *n.m.* 象（ゾウ）。

fōl *n.m.* 占い。

fōlbīn *n.m.* 占師。

fōlbīnī *n.m.* 占い。

fōlwēδīǰ *n.m.* 占師。

fōwa *a.* 驚いた。

fōwa sittōw 驚く。

fōxta *n.m.* ジュズカケバト。

fōyda *n.m.* 利益、益；儲け。

fōydadōr *a.* 有利な、益のある；儲けになる。

fuγūn *n.m.* 呻き声、呻吟。

fuk *n.m.* すべて、みんな。

fuk waxtaθ 常に、いつも。

fukaθ *n.m.* すべて、みんな。

fukaki *ad.* 一切合財で、合計で。

furtōw （fur:furt） *vt.* 匙でする。

fustōw （fus:fust） *vt.* 鼻で吸い込む。

g

–ga *encl.* さらに、もっと、なお。

yiga もうひとつ。

δuga もうひとつ。

cīzga 何かほかに。

gadik *n.m.* 雄の羊。

gadō *n.m.* 乞食。

gadōyi *n.m.* 乞食（であること）。

gadōyi čīdōw 乞食をする。

gaǰēn （guǰの複数） *n.m.* 子山羊。

galla *n.m.* 動物の群れ、畜群。

gand （*m.* gund） *a.f.* 鈍い。

ganda *a.* 臭い、悪臭を放つ；腐った。

gandabūy *a.* 悪臭のある。

gandafēl *a.* 悪癖のある。

gandagi *n.m.* 腐敗；悪臭。

gandumxōr *n.f.* 小鳥。

garang *a.* 茫然たる、途方に暮れた。

gard *n.m.* 埃、塵埃。

garδa *n.m.* パン；食事。

garδan *n.f.* 首。

garδentow （garδen;garδent） *vt.* 回転させる。

garδōr *n.f.* 渦巻き。

garm *a.* 熱い；暑い。

garmi *n.f.* 熱さ；暑さ。

garmruy *a.* 謙遜な、遠慮しがちな；柔和な。

gax̌nīz *n.m.* 【植】コエンドロ。

gax̌t *n.m.* 帰ること。

gax̌t čīdōw 帰る。

gazak *n.m.* 腫物。

gazak čīdōw 化膿する。

gazambur *n.f.* ペンチ。

gazdum *n.f.* 蠍（サソリ）。

gazēt *n.m.* 新聞。

gā...gā... *conj.* あるいは〜あるいは、…したり…したり。

gāč *n.m.* チョーク。

gāp *n .m.* 話、会話。

gāx̌tōw （gārδ:gāx̌t） *vi.* 回転する。

gič *n.m.* 革袋。

giǰ （*m.* guj） *n.f.* 雌の山羊の子。

gil *n.m.* 粘土。

gilgūn *a.* 鮮やかな（色について）。

rustgilgūn 鮮紅の。

gilīm *n.f.* ゲリーム（けばの短い粗末な絨毯）。

gilmōla *n.m.* 漆喰工事。

gilmōla čīdōw 漆喰工事をする。

gināgōr *n.m.* 罪深い；罪のある。

gird *n.m.* 円；環；輪。

girdix̌ *n.m.* 変転；浮沈、栄枯盛衰。

girdix̌ wīntōw 辛酸を舐める、耐える。

girēbūn *n.m.* 襟、カラー。

giri *n.m.* 結び目。

giri čīdōw 結び目をつくる。

giri δēdōw 結び目をつくる。

girya *n.m.* 泣くこと。

gizīn *n.m.* 意図、目当て。

gīgurd *n.m.* マッチ。

gīr *a.* 多忙な、忙しい；止めた。

gīr čīdōw 止める、溜める；阻止する。

gīr sittōw 止まる；つかえる。

gīrtōw （gīr:gīrt） *vt.* 同意する、賛成する。

gō...gō... *conj.* あるいは……あるいは。

gōrδ *n.f.* 【鳥】ウズラ。

gōz *n.m.* 芝生、牧草地、牧場、草地。

guč （gačēn） *n.m.* 脛当て、ゲートル。

guǰ （*f.* gij） *n.m.* 雄の山羊。

gul *n.m.* 花；薔薇（バラ）。

gulak *n.m.* 疱瘡、天然痘。

gulcimūd *n.m.* 小さいバスケット（籠）。

guldasta *n.m.* 花束。

guldūzi *n.m.* 刺繍。

gulmēx *n.m.* 蹄鉄の釘。

gulōs *n.f.* 西洋ザクラ。

gulxan *n.m.* 薪の山。

gulzōr *n.m.* 花壇；花園。

gumbaz *n.m.* 円屋根、円天井。

gumūn *n.m.* 想像；推定、推測。

gumūn čīdōw 想像する；推測する。

gund (*f.* gand) *a.* 鈍い；切れない。

gunō *n.m.* 罪、科（とが）；落ち度。

gurz *n.m.* 鎚矛。

guwō *n.m.* 証人。

guwōyi *n.m.* 証言。

gux̌na *a.* 飢えた；空腹の。

gux̌nagi *n.m.* 飢え；空腹。

guzar *n.m.* 生存、生活。

guzarūn *n.m.* 生存、生活。

guzarūn čīdōw 生活する。

gūl *a.* おしの。

gūr *n.m.* 墓。

gūristūn *n.m.* 墓地。

gūx̌ak *n.m.* 弦楽器の木栓。

gūx̌t *n.m.* 肉。

gūx̌wōr *n.m.* イヤリング、耳飾り。

gūy *n.f.* ボール、球。

gūybōzi *n.m.* ポロ。

γ

γal *ad.* 今までのところ、今はまだ。

γalat *n.m.* 誤り、誤謬；失策。

γalbēl	*n.f.* 篩（ふるい）。
γalt	*n.m.* 転がること。
γalt δēdōw	転がる。
γaltak	*n.f.* 麺棒。
γarb	*n.m.* 西。
γarēn	（γur の複数） *n.m.* 睾丸。
γarib	*n.m.* 放浪者、流浪者。
γarq	*n.m.* 沈むこと、沈没。
γarq čīdōw	沈める。
γarq sittōw	沈む。
γaθ	*n.m.* 糞。
γawγō	*n.m.* 騒音、ざわめき；騒ぎ、騒動。
γayb	*n.m.* 隠すこと。
γayb sittōw	隠れる、姿を隠す。
γazab	*n.m.* 怒り、忿懣。
γažd	*a.* 汚い、不潔な。
γaždi	*n.m.* 汚れ、不潔。
γāc	*n.f.* 娘。
γācak	*n.m.* 娘さん。
cēm γācak	瞳
γāfc	*a.* 太い；厚い；肥えた。
γāfc angix̌t	親指。
γāfci	*n.m.* 太さ；厚さ；肥満。
γār	*n.m.* 肥だめ。
γēbat	*n.m.* 誹謗、中傷。

γēr	*a.* 他国の、外国の。
γērparast	*n.m.* 外国崇拝者。
γēv	*n.m.* 口。
γēvdōw	(γōv:γēvd) *vi.* 性交する。
γēx̌	*n.m.* 芝生。
γidōra	*n.m.* 粘土製の椀（鉢）。
γiδā	*n.m.* 少年、若者。
γiγ̌ak	*n.f.* 提琴、バイオリン。
γiǰīd	(γijaden) *n.m.* 家禽小舎。
γindōl	*n.m.* 雪球。
γirič̌tōw	(γirič:γirič̌t) *vi.* 歯軋りする。
γōr	*n.m.* 洞穴、洞窟。
γōrǰ	*n.m.* クローバ、つめくさ。
γōz	*n.f.* ガチョウ。
γubōr	*n.m.* 埃、塵。
γulōf	*n.m.*（刀の）鞘。
γunča	*n.m.* 蕾（つぼみ）。
γur	*n.m.* 睾丸。
γurgōw	*n.m.* 種牛。
γurγ̌ast	*n.m.* うなること、咆哮。
γurγ̌ast čīdōw	うなる。
γurγ̌dōw	(γurγ̌: γurγ̌d) *vi.* うなる、吼える。
γūγ̌	*n.m.* 耳。
tar γūγ̌ yattōw	耳に入る。
γūk	*n.m.* 揺りかご。

γūnǰ n.m. 毛。
γūz n.m. クルミ。

γ̌

γ̌ac n.m. 枯れ枝、そだ。
γ̌altōw (γ̌al: γ̌alt) vi. (鈴・鐘が) 鳴る。
γ̌ēw n.m. 狩り、狩猟。
  γ̌ew čīdōw 狩りをする。
γ̌ēwdōǰ n.m. 狩人、狩猟者。
γ̌idīšk n.m. イナゴ。
γ̌in n.f. 妻。
γ̌inik n.f. 女、女性、婦人。
γ̌īftōw (γ̌īb/γ̌īp/ γ̌īf:γīft/γīpt) vt. 撒く。

i

–i *ezafa*「連結辞」
  kaf–i pōδ 足の裏。
–i,–gi 名詞形成接尾辞
  šitōyi 寒さ。
  lapi 多さ、多量。
  gandagi 汚さ、醜さ。
–ij 名詞形成接尾辞

tēxij 削ること。

čērij 耕作。

iǰōra *n.m.* 賃貸料、賃貸借。

iǰōzat *n.m.* 許可、認可。

iǰōzat δēdōw 許可する。

iǰrōyiya *a.* 実行の、執行の。

iǰtimōyi *n.m.* 社会主義。

—*a.* 社会主義の。

illat *n.m.* 病気。

ilm *n.m.* 科学；学問。

ilmi *a.* 科学の；学問の。

ilōj *n.* 手段、方法、方策；活路、出口。

iltimōs *n.* 懇願、嘆願、切願。

–in 形容詞形成派生接尾辞

δōrgin 木製の。

sipinin 鉄製の。

inqilōb *n.f.* 革命。

inqilōbi *a.* 革命の。

insōf *n.* 良心；公平、公正。

intixōb *n.* 選出、選挙。

intizōr *n.* 待つこと、待機。

iqbōl *n.* 幸福、幸せ、幸運。

isbōt *n.* 立証、証明。

islūm *n.* イスラーム。

isōb *n.* 勘定、計算。

isōb čīdōw　勘定する、計算する。

istismōr　*n.* 搾取。

išq　*n.* 愛、愛情。

ištirōk　*n.* 関与、参加。

ištirōk čīdōw　関与する、参加する。

ištiyō　*n.* 食欲。

ixtiyōri　*a.* 意志の；選択の。

–īǰ　行為者名詞形成接尾辞

nivišīǰ　作家。

kunīǰ　行為者、行なう人。

–īnǰ,–nīnǰ　形容詞形成接尾辞

pīnjmēstīnǰ　5カ月の。

yaksōlīnj　1年の。

j

jal　（*m.* jul）*a.* 小さい。

jaliki　（*m.* juliki）*a.* 幼児期、幼年期。

jāγ　*n.m.* 放屁。

jāγ δēdōw　放屁する。

jēγdōw　（jēγ:jēγd）*vi.*（ヤギ・羊が）鳴く。

jīngak　*n.f.* 竈の角；張出。

julik　（*f.* jalik）*a.* 小さい。

junqak　*a.* 短気な、怒りっぽい。

juq *n.m.* 突き刺すこと、突っ込むこと。
　juq δēdōw 突っ込む、突き刺す。

ǰ

ǰalab *n.f.* 売春婦、売笑婦。
ǰalabgari *n.* 売春、売春行為。
　ǰalabgari čīdōw 売春する。
ǰald *ad.* 速く。
ǰaldaθ *ad.* 速く。
ǰalγūza *n.* ジャルゴーザ、松の実。
ǰam *n.m.* 集めた、回収された。
　ǰam čīdōw 集める、回収する。
　ǰam sittōw 集まる、回収される。
ǰami *ad.* 総計で、締めて、合計で。
ǰang *n.m.* 戦い、戦争。
ǰangal *n.m.* 森林。
ǰanjōl *n.m.* 騒ぎ；口論、喧嘩。
ǰanūb *n.* 南。
ǰaqast *n.m.* 犬の吠え声。
ǰaqtōw （ǰaq:ǰaqt） *vi.* （犬が）吠える。
ǰarman *n.m.* ドイツ人。
ǰat *post.* （～）のために。
　kōr–ǰat 仕事のために。
　tu–ǰat 君のために。

ǰazira	*n.m.* 島。
ǰāris	*n.m.* 試練、辛い経験、災厄。
ǰāt	*post.* （～）のために。
ǰēbak	*n.m.* ポケット。
ǰēγ	*n.m.* 叫び声。
ǰēγ δēdōw	叫ぶ。
ǰēq	*a.* 皺だらけの、皺になった。
ǰēq sittōw	皺が寄る。
–ǰēv	副詞形成接尾辞
x̌ābaǰēv	夜に。
mēθinǰēv	昼間に。
tōbistūnǰēv	夏に。
ǰidō	*a.* 分離した、別れた。
ǰidō čīdōw	分離する、分ける。
ǰidō sittōw	離れる、分かれる。
ǰigar	*n.m.* 肝臓。
ǰilōb	*n.m.* 下痢。
ǰin	*n.* ジン、魔神；妖精。
ǰinc	*ad.* 全く、すっかり。
ǰincaθ	全く、すっかり。
ǰing	*n.m.* 皺、襞；折れ目。
ǰinni	*a.* ジンにとりつかれた。
ǰiraγdōw	（ǰiraγ:ǰiraγd） *vi.* 号泣する。
ǰirīb	*n.m.* 靴下、ソックス。
ǰism	*n.* 身体、体；物体；物質。

ǰiwōb *n.m.* 答え、返答。

　ǰiwōb δēdōw 答える。

ǰiwōbx̌ēd *n.m.* 木霊（こだま）、反響、山彦。

ǰiwūn *a.* 若い、若年の。

ǰiwūnamarg *a.* 若死の。

ǰiwūni *n.* にきび。

ǰiyēji *n.* 花嫁の持参金。

–ǰīc 名詞形成接尾辞

　wōx̌ǰīc 乾草の納屋。

　x̌ūvdǰīc 乳製品の物置、乳製品貯蔵所。

ǰīnǰic *n.f.* 人形。

ǰōdu *n.* 魔法。

ǰōdugar *n.* 魔法使い。

ǰōga *n.* 部屋、室。

ǰōy *n.m.* 場所、所。

　ǰōy čīdōw 隠す。

　ǰōy δēdōw 場所を譲る、脇へ退く。

　xat zēx̌tōw ǰōy アドレス、住所。

　ǰōyti （～）と一緒に。

　wi ǰōyti 彼と一緒に。

ǰōynax̌īn *n.m.* 代理者、代理人；次席者。

ǰuktōw （ǰuk:ǰukt） *vt.* つき砕く、挽く。

ǰul *n.m.* 馬衣；ぼろ、雑巾。

ǰuma *n.m.* 金曜日。

ǰumbēntōw （ǰumbēn:ǰumbēnt） *vt.* 動かす、揺す

	る。
ǰumtōw	(ǰumb:ǰumt) *vi.* 揺れる、動揺する。
ǰuš	*n.m.* ペニス、陰茎。
ǰuzdak	*n.f.* コガネムシ。
ǰūr	*n.* 一対、一組。
	—*a.* 一対の、一組の。
	—*ad.* 一致して、一斉に。
ǰūm	*n.f.* 杯、コップ。
ǰūn	*n.m.* 生命、命。
ǰūndōr	*n.m.* 家畜。
ǰūr	*a.* 健康な、元気な。
jur–at yast?	元気ですか？
wuzum jur	わたしは元気です。
ǰūrpursi	*n.* ご機嫌伺い、見舞い。
ǰūx̌	*n.* 沸騰。
ǰūx̌ δēdōw	沸騰する。

k

kabīr	*a.* 大きい；偉大な。
kabōb	*n.m.* カバーブ、焼肉。
kabūt	*a.* 灰色の、鼠色の。
kacūd	(*f.* kačād) *a.* どこの、どこに属する。
kadēn	(kud の複数) *n.m.* 犬。

kaf *n.m.* 手のひら；足の裏。

  kaf–i pō 足の裏。

  kaf–i dast 掌握、手のひら。

kaγ̌ *a.* 曲がった、歪んだ。

kaγ̌ak *n.m.* 巻き毛；鬟、撚れ。

  kaγ̌ak čīdōw よりあわす、巻く、編む。

  kaγ̌ak sittōw 撚れる、からむ。

kalapōy *ad.* 下へ。

  kalapōy čīdōw 下りる、ずり落ちる。

kalta *a.* 大きい。

kaltača *n.m.* チョッキ、胴着。

kaltak[1] *n.m.* 棒、ステッキ。

kaltak[2] *a.* 砕けた、壊れた、割れた。

  kaltak sittōw 砕ける、割れる。

kalūm *n.m.* 語、単語。

kalūn *a.* 大きい。

kalūnxēr *a.* 高慢な、横柄な。

kalūš *n.m.* オーバーシューズ。

kamandīr *n.m.* 司令官。

kamar *n.f.* 帯；がまぐち、財布。

  dast ba kamar čīdōw 散財する。

  ar mu kamar pūl nist. 財布に金がない。

kamari *n.* 腰。

kambaγal *n.* 貧乏人。

kambaγali *n.* 貧乏。

kambūdi *n.* 不足、欠乏。

kambūk *n.m.* 樹木の凹。

kami *n.* 不足。

kami čīdōw 不足する、足りない。

kampīr *n.f.* 老婦人。

kamūn *n.f.* 弓。

kamūni ristam 虹。

kanak *n.m.* 小さい穴、小さい凹。

kanāb *n.f.* アサ、大麻。

kančani *n.f.* 売春婦、売笑婦。

kandi *n.m.* 片、塊；破片。

kanījak *n.f.* 女奴隷。

kapōl *n.m.* 後頭部；後（うしろ）。

kar （*m.* kur） *a.f.* 刈り耳の、短耳の。

karam[1] *n.m.* キャベツ。

karam[2] （lutf-i karam） *n.m.* 好意、恩恵。

karandāš *n.m.* 鉛筆。

karasīn *n.m.* ケロシン、灯油。

karc （*m.* kurc） *a.f.* 深い。

kartuška *n.f.* ジャガイモ。

kasaba *n.m.* 仕事、職業、業務。

kasal *a.* 病気の。

kasal sittōw 病気になる。

kasali *n.* 病気。

kasalxūna *n.m.* 病院。

kasb *n.* 専門；才幹、技量。

kaš *a.* 熱い；暑い。

kašan *n.m.* 閂（かんぬき）。

kat （*m.*kut） *a.f.* 短い。

kavār *n.f.*【植】ケーパー。

kawg *n.f.* 鷓鴣（シャコ）。

kawōk *a.* 空の、空洞の。

kaxč *n.f.* 耳飾り。

kaxōl *a.* 垂れた、吊った。

kaxt *n.m.* 穀粒、穀種。

kā *ad.* どこ。

pi kā （上の）どこへ。

ar kā （下の）どこへ。

tar kā どこへ。

as kā どこから。

kālak *n.m.* 上部、頂。

kānd *n.m.* 部分；一部；半分。

kāzōr *n.m.* 菜園、野菜畑。

kēf *n.* 喜び、興奮；酔い。

kēf sittōw 酔う、上機嫌になる。

kētman *n.f.* つるはし。

kēxak *n.m.* 咳。

kēxak čīdōw 咳をする。

kēxtōw （kēx:kēxt） *vi.* 咳をする。

kicōr *n.m.* 竈（かまど）。

kid （*m.* kud） *u.f.* 雌犬。

kilk *n.f.* 葦ペン。

kilō *n.m.* カボチャ。

kilūl *a.* 円の、円形の。

kilūx *n.m.* 塊；土くれ。

kilūxak *n.m.* 土くれ；雪球。

kilūxak δēdōw/wēδdōw 雪合戦をする。

kinōr *n.m.* 抱擁。

kinōra *n.m.* 脇、側、傍。

kirdōr *n.m.* 行い、行為。

kirīstōw （kirānd:kirūst） *vt.* 削る。

kirō *n.m.* 賃料、借料；賃貸；賃貸料。

kirō δēdōw 貸す。

kirō čīdōw 貸す。

kirūx̌ *n.m.* 【植】アシ、ヨシ。

kiryōrč *n.m.* トマト。

kiškūl *n.f.* 木製の深皿（鉢）。

kišt *n.m.* 播種。

kišt čīdōw 播種する。

kišt–at kōr 播種。

kitōb *n.f.* 本、書物。

kitōbxūna *n.m.* 図書館。

kix̌ēpc *n.f.* カササギ。

kix̌tīn *n.m.* 船、ボート。

kix̌tōw （kay̌:kux̌t） *vt.* 切りつける、刺し殺す。

kiznēc *n.m.*【植】チコリ。

kīl[1] *n.m.* 頭（あたま）。

kīl[2] *a.* 禿げた、禿頭の。

kīn *n.m.* 憎悪、悪意、憎しみ。

kōla *n.m.* 織物。

kōr *n.m.* 仕事、用事、用務。

kōr čīdōw 仕事をする。

kōrδ *n.f.*【鳥】鶉（ウズラ）。

kōrēz *n.m.* カーレーズ。

kōrgar *n.m.* 労働者。

kōrwūn *n.m.* キャラバン。

kōz *n.m.* 犬の餌。

kud （*f.* kid） *n.m.* 雄犬。

kulčā *n.m.* クッキー。

kunǰ *n.m.* 隅、角。

kur （*f.* kar） *a.* 刈り耳の、短耳の。

kurc （*f.* karc） *a.* 深い。

kurta *n.m.* シャツ。

kurti *n.m.* ジャケツ。

kuščak *n.f.* 壷；土鍋。

kuti （*f.* kati） *a.* 短い。

kuza *n.f.* 水差し。

kū *n.m.* 山、山岳。

kūč *n.f.* 妻。

kūdak *n.m.* 子供。

kūγ̌j *n.m.* 孔；裂目、隙間。

kūγ̌j čīdōw 孔をあける。

kūknōr *n.f.*【植】罌粟（ケシ）。

kūpūn *n.m.* ラクダのこぶ。

kūx̌ix̌ *n.m.* 努力。

kūm *n.m.* 空、天。

kūmak *n.m.* 助け、助力、手助け、援助。

kūna *a.* 古い；過去の。

kūr *a.* 盲目の。

l

lablabūn *n.m.*【植】ビート。

lagan *n.f.* 皿。

laγ̌jak *n.f.* 悪夢、夢魔。

laγ̌jēntōw (laγ̌jēn:laγ̌jēnt) *vt.* 揺する、動揺させる。

lakak *n.f.*（手足の）中指。

lalmi *a.* 乾地農業の。

lap *ad.* 大変、大層、甚だ。
—*a.* 多くの、多数の、多量の。

lašak *n.f.* ライムギ。

lavj *n.m.* ことば、言説、話。

lawand *a.* 怠惰な、怠ける。

lāfč	*n.f.* 唇。
lāl	*n.f.* ルビー。
lānat	*n.m.* 呪い、呪咀。
lānat čīdōw	呪う。
xuδōy tu lānat kiẋt!	罰当たりめ！畜生め！
lāq	*n.f.*（使い古した）ズボン。
lāv[1]	*n.m.* 部分、一部。
yi lāv...yi lāv	一部は……一部は。
lāv[2]	*n.m.* 岸。
daryō lāv	海岸。
lēf	*n.f.* 毛布、寝具。
lēlg	*n.f.* 汚水。
lēmōl	*n.f.* スカーフ。
lēr	*n.m.* 本立て。
libōs	*n.m.* 服、衣服。
lišm	*a.* 滑らかな、すべすべの。
liẋkar	*n.m.* 軍、軍団。
liẋō	*n.m.* 顎（あご）。
līl	*n.m.* 衣服、着物。
līng	*n.m.* 脛（すね）。
lōγ	*n.m.* 冗談、おどけ。
lōγar	*a.* 痩せた。
lōǰwar	*n.m.* ラピスラズリ。
lōk	*n.m.* 封蝋。
lōq	*a.* 痩せた。

lōy *n.m.* 粘土。

luč （pōluc として） *a.* 裸足の。

pōluč 裸足の。

luk¹ *n.m.* 閂（かんぬき）。

luk² *a.* 太い、厚い。

lungi *n.f.* ターバン。

lunǰ （lanǰēn） *n.m.* 頬（ほほ）。

lūli *n.m.* ジプシー。

lūng *n.m.* コリアンダイー、コエンドロ。

lūvdōw （lūv:lūvd） *vi.* 話す。

lūvīǰ *n.m.* 話し手、話者。

sūglūvīǰ 物語り師。

m

ma *int.* さあ、そら。

maδōr *n.m.* 正午。

maδōrzōx̌t *n.m.* 昼食。

maγ̌ *n.m.* 雌羊。

maγ̌jūnǰ （*f.* maγjenj） *a.* 空腹の。

maǰbūr *a.* 強制された。

maǰbūr čīdōw 強制する。

maǰbūri *n.m.* 強制。

makri *n.m.* 狡猾、詐欺、ごまかし。

makridōr *a.* 狡猾な、ごまかしの。
maktab *n.m.* 学校。
maktūb *n.f.* 手紙、書簡。
makūn *n.m.* 住所；場所。
malax *n.m.* イナゴ。
mansab *n.m.* 官職、官位。
maqsad *n.m.* 目的、目標；目的地。
maraz *n.m.* 梅毒。
mard *n.m.* 男。
mardīna *n.m.* 男。
mardum *n.m.* 人々。
markab *n.f.* ロバ。
markaz *n.m.* 中心、中心地、センター。
marmar *n.f.* 大理石。
marūb *n.f.* 乳脂、クリーム。
marūd *n.f.* 梨（ナシ）。
masal *n.f.* 諺；例。
masalan *ad.* たとえば。
masǰit *n.m.* 回教寺院、モスク。
maska *n.f.* バター。
mast *a.* 酔った、酔っ払った。
mašγūl *a.* 忙しい、多忙な。
mašriq *n.m.* 東。
matal *n.f.* 諺、例。
matlab *n.m.* 主題、題目；問題；事件。

mawǰ	*n.m.* 波。
mawlō	*n.m.* 神、主。
mawqūf	*a.* 廃止された；無効になった。
mawqūf čīdōw	廃止する；無効にする。
max̌	*n.f.* エンドウ。
max̌ak	*n.f.* ビーズ飾り。
max̌ōrǰ	*n.f.* エンドウ。
max̌ōrǰīn	*n.m.* エンドウ入りスープ。
mayda	*a.* 小さい、細かい。
mayda pūl	小銭。
maza	*n.m.* 味。
mazdūr	*n.m.* 労務者；召使。
mazmūn	*n.m.* 主題、題目、内容。
mazōq	*n.m.* 冗談。
mazōq čīdōw	冗談を言う。
mazōr	*n.f.* 廟。
māγj	*n.m.* 脳；中心、核心、中枢部。
māk	*n.f.* 首。
mākam	*a.* 強い、頑丈な；しっかりした。
mākama	*n.m.* 事務所、役所；局。
mālāq	*n.m.* 宙返り。
mālāq čīdōw	宙返りする。
mālum	*a.* 明らかな、明白な。
mālūmāt	*n.m.* 知識、学識；情報、消息。
māmad	*n.m.* ムハッマド、マホメット。

mān *n.m.* 禁止。

mān čīdōw 禁止する。

māni *n.m.* 意味、意義。

mārg *n.m.* 死、死亡。

māšūq *a.* 愛された。

—*n.m.* 恋人、愛人。

māšūqa *n.f.* 愛人、恋人。

māwmāw *n.f.* （猫の鳴き声）ニャーオ。

māwmāw čīdōw ニャーオと鳴く。

mēdāl *n.m.* メダル、勲章。

mēlat *n.m.* 期限；期日。

mēminak *n.m.* 猿。

mēmūn *n.m.* 客、ゲスト。

mēnat *n.m.* 仕事、労働；努力、骨折り。

mērabūn *a.* 親切な；優しい。

mēst *n.f.* 月。

mētīn *n.m.* 槌。

mēθ *n.f.* 日。

mēθ tar mēθ 日増しに。

yi mēθat ある日。

ar mēθ 毎日。

cūnd meθā 何日。

δu mēθā 2日間。

yi mēθi 1日で。

mēθin *ad.* 昼間に。

mēθinīnǰ	*a.* 昼の。
mēwa	*n.m.* 果物（くだもの）。
mēwij	*n.f.* 干しブドウ。
mēx	*n.m.* 釘。
miδēn	*ad.* 中に、間に。
mardum miδēn	人々の中で。
miδēna	*a.* 中央の、中の。
miδēna angix̌t	中指。
miδust	*ad.* 手に。
δust miδust	手に手を取って。
miγij	(miγajen) *n.m.* 雄羊。
miǰōz	*n.m.* 性格、気質。
millat	*n.m.* 民族。
milōyim	*a.* 温和な、穏やかな、柔和な。
mindējak	*n.f.* 燕（つばめ）。
minēč	*n.f.* 雌羊。
minēč x̌ūvd	雌羊の乳。
minūl	*ad.* 嘴で。
miqdōr	*n.m.* 量、数量。
mis[1]	*n.m.* 銅。
mis[2]	*ad.* また、(…) も。
misdēk	*n.f.* 銅製の大鍋。
misōl	*n.m.* 例、事例。
mišk	*n.m.* 小骨遊び（の小骨）。
mišk bēxtōw	小骨遊びをする。

miẋč	*n.m.* 尿、小便。
miẋtōw	(mēz:miẋt) *vi.* 放尿する、小便をする。
miyēnd	*n.m.* 腰。
miyūn	*n.m.* 胴体。
miyūna	*n.m.* 中央、真ん中。
mīdōw	(mar:mūd) *vi.* 死ぬ、死亡する。
mīδ	*n.f.* 腰。
mīr	*n.m.* アミール、エミール、長。
mīrǰūy	*n.m.* 水管理人。
mīrmūšūn	*n.m.* 【動】テン。
mīrōs	*n.m.* 遺産、相続財産。
mīrōxur	*n.m.* 馬丁。
mīrzō	*n.m.* 書記、書記官。
mōčaxar	*n.m.* 雌ロバ。
mōda	*n.f.* 雌（めす）。
mōdarxūn	*n.f.* 養母。
mōfa	*a.* 疲れた、くたくたの。
mōγ̌j	*n.m.* 飢餓。
mōki	*n.f.* 梭（ひ）。
mōl	*n.m.* 家畜。
mōla	*n.f.* まぐわ。
mōldōr	*n.m.* 家畜所有者、牧畜者。
mōldōri	*n.m.* 牧畜。
mōlpōyīǰ	*n.m.* 牧人。
mōlta	*n.m.* ネーブル。

mōltōw (mōl:mōlt) *vt.* 塗る、すり込む。

mōmak (<mu amak) *n.m.* (父方の) おじ。

mōrak *n.f.* 雌のラクダ。

mōt *a.* 疲れた；敗れた。

mōθ *n.m.* 棒、棒切れ；杭。

mōx̌ *n.f.* ケツルアズキ。

mōyi *n.f.* 魚。

mubō *n.m.* ペスト、疫病；チフス。

mubōrak *a.* めでたい、吉兆の。

mubōrak bōd! おめでとう！

mubōriza *n.m.* 闘争、キャンペーン。

mudir *n.m.* 部長；理事、重役。

muft *ad.* 只で、無料で。

mulk *n.m.* 国、国土；地方；地域。

mulki *a.* 地域の。

mumkin *a.* 可能な、ありえる。

munajim *n.m.* 天文学者；占星術師。

muōrif *n.m.* 教育、教化。

muqarar *a.* 定められた、決定された、任命された。

murδa *n.m.* 死体；死人。

murtad *n.m.* 背教者、背信者。

musulmun *n.m.* イスラム教徒。

mušk *n.m.* ジャコウ。

mut *n.m.* こぶし、拳骨。

mut δēdōw 拳で殴る。

mux *n.m.* 蕾（つぼみ）。

mux̌k *n.m.* ジャコウ。

mux̌kil *a.* 困難な、難しい。

mux̌tak *n.m.* 切り株の束。

muyim *a.* 重要な、重大な、大切な。

muzd *n.m.* 賃金。

mūčīn *n.f.* ピンセット。

mūd *n.m.* 死、死亡。

mūm *n.f.* 祖母。

mūn *n.f.* リンゴ（林檎）。

mūnda *a.* 疲れた、疲労した。

mūnda nabōši! お疲れさま！

mūr *n.m.* 押印；印鑑。

mūrč *n.m.* コショウ（胡椒）。

mūrjak *n.m.* 蟻（アリ）。

mūšak *n.m.* 腫物。

mūθq *n.m.* 【植】カンゾウ（甘草）。

mūza *n.m.* 靴。

n

na *ad.*（否定辞）ない。

nasāwum わたしは行かない。

–conj.na....na.	…も…も…ない。
nabīra	*n.m.* 子孫。
nabōt	*n.f.* 氷砂糖。
nafas	*n.m.* 呼吸、息。
naγaz	*n.m.* 花軸。
naγma	*n.f.* 音楽家。
naγmagar	*n.m.* 音楽。
naγ̌	*n.f.* 黒子（ほくろ）。
naγ̌ǰīdōw	（naγ̌ǰīs:naγ̌ǰīd）*vi.* 越す、渡る、越える、通る。
namad	*n.f.* フエルト。
namak	*n.f.* 塩。
namakdūn	*n.f.* 食卓用塩入れ。
namakin	*a.* 塩辛い。
namōz	*n.m.* 礼拝、お祈り。
naqli	*n.m.* 物語。
naqša	*n.m.* 地図。
narx	*n.m.* 値段、価格、代価。
nasīb	*n.m.* 運命、天命、宿命。
naswōr	*n.m.* かみタバコ。
naša	*n.f.* 麻薬；阿片。
našak	*n.m.* 閂（かんぬき）。
natīǰa	*n.m.* 結果。
naw	*a.* 新しい、目新しい。
nawča	*n.m.* 芽；若枝。

nawkar *n.m.* 召使、下男。

naxčīr *n.m.* 野性の雄ヤギ。

nax̌fīdōw (nax̌fīθ:nax̌fīd) *vi.* 脱臼する、抜ける。

nax̌q *n.m.* 装飾；模様、綾；跡形。

nax̌tīdow (nax̌ti:nax̌tūyd) *vi.* 出る、外出する。

nay *ad.* いいえ、そうではない。

nazar *n.m.* 眼差し、注視。

nazdīk *a.* 近い。

nazm *n.m.* 詩；韻文。

nāmb *n.m.* 湿気。

nān *n.f.* 母、母親。

nānēj *n.f.* 継母、義母。

nānik *n.f.* お母さん。

nār *n.f.* 穴；濠；堀。

nārm *a.* 柔らかい。

nārmaθ *ad.* 柔らかい。

nāy *n.m.* フルート、笛。

nāyak *n.m.* 笛；キセル。

nēc *n.m.* 鼻。

nēča *n.f.* 糸巻き。

nēδēdōw (nēδ:nēδd) *vt.* 飢える、植え付ける。

nēγdōw[1] (nēγ:nēγd) *vt.* 回転させる。

nēγdōw[2] (nōγ:nēγd) *vi.* 彷徨う。

nibēs *n.f.* 孫娘。

nibōs *n.m.* 孫。

niδēmbīǰ *a.* 粘着性の。

niδēmtōw (niδēmb:niδēmt) *vt.* くっつける、貼りつける。

nigīna *n.m.* 指輪の宝石。

nigō *n.m.* 視線、眼差し、注視。

  nigō čīdōw 注視する。

niγūδm *n.f.* 鍋蓋。

nikō *n.m.* 婚礼、結婚式；結婚。

nimū *n.m.* 罵倒、罵詈雑言。

  nimū čīdōw 罵る。

niθtōw (niθ:nūst) *vi.* 座る、腰掛ける。

nivišīč *n.m.* 作家、書き手、著者。

nivišīǰ *n.m.* 作家、書き手、著者。

nivištōw (niviš:nivišt) *vt.* 書く。

niwēzdōw (niwōz:niwēzd) *vt.* 演奏する。

nixix̌tōw[1] (nixarθ:nixux̌t) *vi.* 壊れる、崩壊する。

nixix̌tōw[2] (nixēx̌/nixērθ:nixēx̌t) *vt.* 壊す、崩壊させる。

nix̌ēb *a.* 傾いた、傾斜した。

nix̌pīdōw (nix̌pār:nix̌pūd) *vt.* 踏み付ける。

nix̌tār *n.f.* ランセット。

nix̌ūn *n.m.* 印；記号、符号；あかし。

  nix̌ūn δēdōw 見せる、示す。

nix̌ūna *n.m.* 標的、的；照星。

niyat *n.m.* 意向、意図。

niyōz	*n.m.* 願い、願望、懇願。
nizūm	*n.m.* 秩序；規律；規則。
nižērtōw	（nižēr:nižērt） *vt.* 浸す、浸ける。
nižōr	*n.m.* 木炭。
nīli	*a.* 青い。
nīmδōrg	*n.f.* 撹拌棒。
nīmkōra	*a.* 中途半端な。
nīmsār	*n.m.* 偏頭痛。
nīr	*n.m.* 雄（おす）。
nīstōw	（niθ:nūst） *vi.* 座る、腰掛ける。
nīwdōw	（nāw:nīwd） *vi.* 泣く。
nōbūt	*a.* 破壊された、消滅した。
nōbūt čīdōw	破壊する、消滅させる。
nōčōq	*a.* 不健康な、病身の。
nōdūn	*a.* 無知の、馬鹿な。
nōf	*n.f.* 臍（へそ）。
nōg	*ad.* 突然、出し抜けに。
nōgin	*ad.* 突然、出し抜けに。
nōjūr	*a.* 病気の。
nōl	*n.m.* 蹄鉄。
nōlān	*n.m.* 泣くこと。
nōlān čīdōw	泣く。
nōmūs	*n.m.* 貞節、純潔；名誉；高潔。
nōpēxt	*a.* 生煮えの、生焼けの；未熟の。
nōpōk	*a.* 汚い、不潔な。

nōqōbil *a.* 不器用な、下手な。

nōri *n.m.* 朝食。

nōš *n.f.* アンズ（杏）。

rōšt nōš 赤いアンズ。

nōšpōti *n.f.* ナシ（梨）。

nōtẽx̌t *a.* 剃ってない、髭もじゃの。

nōw[1] *num.* 9、九。

nōw[2] *n.m.* 樋。

nōxuš *a.* 病気の。

nōxūn *n.f.* 爪。

nōy *n.f.* のど、咽喉。

nōydarδ 咽喉痛。

nōz *n.m.* 媚（こび）、しな。

nōzuk *a.* 薄い；優美な、華奢な。

nuqra *n.m.* 銀。

nuqrōz *n.m.* 鋏（はさみ）。

nuqs *n.m.* 損失；欠陥、欠点；不足。

nur *ad.* 今日。

nurīnja 今日。

nusk *n.m.* 動物の鼻面。

nūband *n.m.*（2〜3才の）小牛。

nūl *n.m.* 嘴（くちばし）。

nūm *n.m.* 名、名前。

ca num–at? きみの名前はなんですか？

nūmzad *n.m.* 候補者。

nūn n.m. パン。

nūr n.m. 光、日光。

nūščin (f. nīščin) a. 腰掛けている、座っている。

O

ōbōd a. 耕された；繁栄した。

ōbrūy n.m. 名誉、栄誉。

ōdam n.m. 人間、人。

ōdamak n.m. 雪達磨。

ōdamkux̌ n.m. 人殺し、殺人者。

ōfarin int. でかした！お見事！あっぱれ！

ōfat n.m. 災害、災難。

ōγō n.m. 紳士；(～) さん；様。

ōkim n.m. 郡長、知事；長官；支配者。

ōlam n.m. 世界。

ōlūča n.f. スモモ。

ōmīn int. アーメン。

ōrūm a. 静かな、穏やかな；落ち着いた。

　ōrūm čīdōw 静める、落ち着かせる。

　ōrūm sittōw 静まる、落ち着く。

ōsil n.m. 収穫。

ōsmūn n.m. 天、空、天空。

ōsūn *a.* 易しい、容易な。

ōš *n.f.* 食物。

ōšiq *a.* 恋した、愛した。

ōšiq sittōw 恋する。

ōtix̌ak *n.m.* 稲妻、電光。

ōvi *a.* 泳いで；水中で。

ōvigar *n.m.* 水泳する人、水泳者。

ōxir *n.m.* 最後、最終。

ōxirat *n.m.* 来世、あの世。

ōxirīn *a.* 最後の。

ōxur *n.m.* 秣桶（まぐさおけ）。

ōxūn *n.m.* 先生、師匠、師。

ōx̌nō *a.* 知り合いの、親しい。

ōx̌ti *n.m.* 和解、仲直り。

ōzir *a.* 現在の、今の。

ōzōdapalang *n.m.* 豹。

ōzōr *n.m.* 侮辱、屈辱。

ōzōr čīdōw 侮蔑する。

ōzūm *n.m.* アザーン。

p

pacēn (*sg.* puc) *n.m.* 息子達。

padam *ad.* そこの上に。

padūd *ad.* ここの上に。

pakar *a.* ぼんやりした。

pakōl *n.f.* 帽子。

pal *n.m.* 昇ること、上昇。

pal čīdōw 昇る。

xīr pal čūd. 太陽が昇った。

palak *n.m.* 茎。

palēs *n.f.* けばのない絨毯；マット。

palōč *n.m.* 葦（アシ）。

paltan *n.m.* 兵士、兵。

paltani *a.* 兵の、軍の；戦争の。

panjō *num.* 50、五十。

panjtani *n.m.* シーア派教徒。

panǰšambi *n.m.* 木曜日。

panō *a.* 秘密の、見えない。

pap （*m.* pup） *a.f.* 灌木状の、薮状の。

paranda *n.m.* 鳥。

parδa *n.m.* 遠慮、謙遜；カーテン。

parδāδīǰ *n.m.* 売手、販売人。

parδēdōw （parδāδ:parδōd） *vt.* 売る。

parδēnc *n.m.* 木製の閂（かんぬき）。

parδēwdōw （parδēw:parδud） *vt.* 真似する。

pargix̌tōw （pargaγ̌:pargux̌t） *vt.* 穿孔する、切り穴をあける。

pari *n.f.* パリー、妖精。

parīn — *n.f.* 山の難所；渓谷、谷間。

parǰīvdōw — (parǰīv:parǰūvd) *vt.* 取り去る、除く。

parwēzdōw — (parwēǰ:parwēzd) *vt.* 種を播く。

parwōs — *ad.* 昨年。

parwuna — *n.f.* 蝶（ちょう）。

parx̌īb — *ad.* 3日前。

parx̌ōd — *n.f.* 汽船。

pas — *ad.* そこで、それでは。

paš — *n.m.* 女陰、陰門。

patir — *n.m.* 上；北。

patlūn — *n.m.* ズボン。

paxta — *n.m.* 棉。

pax̌č — *n.m.*（牛・羊の）糞。

payγumbar — *n.m.* 預言者。

payra — *n.m.* 見張り、番人、監視員。

payzōr — *n.m.* 靴。

pālawūn — *n.m.* 力士；英雄、勇者；優勝者。

pāli — *n.m.* 側面、側。

…pālindi — …と並んで。

tar…pāli — …の方へ。

pām — *a.* 広い。

pāmi — *n.m.* 広さ。

pārk — *n.m.* 葉。

pāst — *a.* 低い。

—*n.* 南。

pāx̌m *n.m.* まめ、たこ。

pāy n.m. 酸乳。

pēč *n.f.* ねじ。

pēčūntōw （pēčūn;pēčūnt） *vt.* 包む。

pēδ *n.m.* 罠（わな）。

pēδō *a.* 明白な、明瞭な。

pēδō čīdōw 明らかにする。

pērc *n.f.* 肋骨。

pērnak *n.m.* 靴のかかと。

pēst *n.m.* 皮。

pēwand *a.* 接ぎ枝された、接木された。

pēwand čīdōw 接木(枝)する；繋ぎあわす。

pēwdōw （pēw:pēwd） *vt.* 発酵させる。

pēx *n.m.* 靴。

pēxtōw[1] （pis:pēxt） *vi.* 煮える；熟する。

pēxtōw[2] （pīj:pēxt） *vt.* 煮る。

pēx̌aki *a.* 予めの、前以ての。

pēx̌aki pūl 手付金、前払い金。

pēx̌īn *a.* 夕刻。

pēx̌īnaki *ad.* 夕刻に。

pēx̌raw *n.m.* 先導者。

pēx̌stōw （pēx̌c:pēx̌st） *vt.* 質問する、尋ねる。

pēx̌ūni *n.m.* 額（ひたい）。

pēx̌wōz *n.* テラス。

pi *prep.* （～）に、（～）において。

pi tir 上に。

pi bir 下に。

pibīsk *n.m.* 膀胱。

picārīj *n.m.* 試食；試食の食物。

pidmōw *n.m.* 案山子（かかし）。

pidōw （pi:pud） *vi.* 腐る、腐敗する。

pidwiδdōw （pidwiδ:pidwiδd） *vi.* 袖をまくる、腕まくりをする。

pidyūc *n.m.* 糸、縫い糸。

piδēmtōw （piδēmb:piδēmt） *vt.* くっつける、貼りつける。

piδidōw （piδin:piδid） *vt.* 点火する。

piδīnd *n.* 敷居。

piδīvdōw （piδafc:piδūvd） *vt.* はじめる、開始する。

piδūγ̌j *n.m.* （ヤギの毛の）細引、縄。

pigō *ad.* 早く、ずっと以前に。

piǰēntōw （piǰēn:piǰēnt） *vt.* （針に）糸を通す。

pikidōw （pikin:pikid） *vt.* 引き抜く。

pilān *n.f.* 計画、企画、設計。

pilta *n.f.* 灯心、灯火の心。

piluk *n.m.* フェルト製の長靴。

pinīwdōw （pinij:pinūyd） *vt.* （服を）着る。

pinūn *a.* 秘密の、内密の。

pinūn čīdōw 隠す、秘密にする。

pirēntōw (pirēnd:pirēnt) *vt.*引き裂く、千切る、破る。

pirēx̌tōw (pirēx̌:pirēx̌t) *vt.* 振りかける、振り撒く。

pirgič *n.m.* 子鼠。

pirgix̌tōw (piraγ̌:pirgux̌t) *vt.* 穴をあける。

pirō *ad.* 以前に、先に、前に。

pirōnēnǰ *a.* 以前の、まえの；前部の、前の。

piršak *n.m.* くしゃみ。

  piršak δēdōw くしゃみをする。

piřštōw (pirš:piršt) *vi.* くしゃみをする。

pirx̌ *n.m.* 白霜。

pis *prep.*（～）の後に。

pisand *a.* 気に入った。

pisēn *n.f.* 砥石。

  pisēn δēdōw 研ぐ、磨ぐ。

pista *n.f.* ピスタチオ。

pisun *n.m.* 補布（つぎ）。

piš *n.f.* 雌猫。

pišak *n.f.* 猫。

pitidōw (pitin:pitid) *vt.* 掘り出す、引き抜く。

pitir *n.m.* 北、北部。

pix̌ēwdōw (pix̌ēw:pix̌ēwd/pix̌ud) *vt.*（羊毛を）刈り込む、鋏で切る。

pix̌t *n.m.* 桑の粉。

piyōδa *ad.* 徒歩で。

piyōla *n.f.* 木製の茶わん、コップ。

piyōz *n.* 玉葱（たまねぎ）。

pizūr *a.* 僅か、幾らか。

pizūrik *a.* 僅か、幾らか。

pīc *n.m.* 顔（かお）。

pīδ[1] *n.m.* 跡。

pīδ[2] *n.m.* 度、回。

pīδak *n.m.* 度、回。

  δupīδak もう一度。

  cūnd pīδak 何回、何度。

pīla *n.m.* 繭（まゆ）。

pīnj *num.* 5、五。

pīnǰ *n.f.* キビ（黍）。

pīr *a.* 年とった、高齢の。

—*n.m.* 老師、聖者、ピール。

pīrxūna *n.m.* 神秘主義道場。

pōc *n.m.* 順番、順序；交替。

pōčūv *n.m.* 靴の踵。

pōda *n.m.* 家畜の群れ。

pōδ *n.m.* 足。

pōδak *n.m.*（テーブル・台などの）脚。

pōδi *n.m.* 一組、一対、一揃い。

—*a.* 一組の、一対の、一揃いの。

pōδjōy *n.m.* 足跡。

pōk *a.* きれいな、清潔な。

pōkīza *a.* きれいな、清潔な。

pōlēz *n.m.* 菜園、野菜畑。

pōluc *a.* 裸足の。

pōmēr *n.m.* パーミール。

pōr *ad.* 向こうに、そちらに。

pōθ *n.m.* 矢。

pōθ wēδdōw 矢を射る；射撃する。

pōx̌na *n.m.* 踵（かかと）。

puc （pacēn） *n.m.* 息子。

puf *n.m.* 吹くこと。

puf čīdōw 吹く。

puftōw （puf:puft） *vt.* 吹く。

pug （*f.* pag） *a.* 空の、実のない、仁のない（クルミなどの）。

pulk *n.m.* 大槌。

pumanak *n.m.* 黴（かび）。

pumanak δēdōw 黴が生える。

pumān *n.m.* ヤギの柔毛（和毛）。

pup （*f.* pap） *a.* 断髪の、毛を短く刈り込んだ；枝を刈り込んだ。

puq （*f.* paq） *a.*ずんぐりした、背の低い。

pur *a.* 一杯の、満ちた、充満した。

pursix̌ *n.m.* 問い、質問。

purxak *n.m.* 噴き出ること。

purxak čīdōw 噴き出る、飛び散る。

purxtōw (purx:purxt) *vi.* 噴き出る。

purxuri *n.m.* 大食。

puš *n.m.* 猫。

puxta *a.* 経験を積んだ、老練な。

n.m. 調理、料理。

pux̌t *n.m.* 世代。

pux̌t ba pux̌t 代々、世代から世代へ。

pux̌ta *n.m.* 牧場・牧草（地）。

pux̌txām *a.* 背の曲がった。

pud *n.f.* 浅瀬。

—*a.* 浅い。

pūl[1] *n.f.* 橋。

pūl[2] *n.m.* 金銭、お金。

pūm *n.f.* うぶ毛、わた毛。

pūnd *n.m.* 道、道路；道。

pūrg *n.m.* ネズミ（鼠）。

pūst *n.m.* 皮、皮膚。

pūst čīdōw 獣の皮を剥いで内臓を除く。

pūstak[1] *n.m.* 毛皮の敷物；毛皮。

pūstak[2] *n.m.* 薄皮；樹皮；黒皮。

pūstin *a.* 皮革製の；毛皮の。

pūstīn *n.m.* 毛皮外套。

pūt *n.f.* ボール、球。

pūθc *n.m.* 睫（まつげ）。

pūx̌ōk *n.m.* 衣服、服。

q

qabal *n.m.* 垣、塀。

  qabal čīdōw 垣で囲む。

  qabal δēdōw 囲む、めぐらす。

qabūl *n.m.* 承認；受託、受理。

  qabūl čīdōw 承認する；受理する。

qačīr *n.m.* ラバ。

qadam *n.m.* 歩；歩き方、足取り。

qadīm *a.* 古い。

qadri *n.m.* 価値。

qalandar *n.m.* 托鉢僧。

qalawur *n.m.* 番人、見張り番。

qalā *n.m.* 城；要塞。

qalīng *n.m.* 嫁代、婚資。

qapqūn *n.f.* （獣を捕らえる）罠（わな）。

qarīb *a.* 近い、近接の。

qarōr *a.* 静かな・不変の、一定の、安定した、不動の。

qarōrdōd *n.m.* 契約。

qasam *n.* 誓い、誓約。

qastīn *n.* スポーツ、競技。

qastīngīr *n.m.* 競技者。

qataγ *n.* ミルク・ティー。

qatēθ *ad.* 共に、一緒に。

qatēθ sittōw 一緒になる；結合する。

qati *post.* （～）と共に。

amdigar qati 一緒に。

fay qati 鋤で。

tama qati あなたと一緒に。

qatli *n.m.* 殺人、殺害。

qatli sittōw 殺される。

qawm *n.m.* 親類、親戚、縁者。

qaws[1] *n.m.* 便秘。

qaws[2] *n.m.* 射手座。

qazō *n.m.* 運命、天命、宿命。

qād *n.m.* 身長；寸法；発育、成長。

qād čīdōw 成長する；測る。

qār *n.m.* 怒り、憤怒。

qārz *n.m.* 借金、債務；借款。

qārzdōr *n.m.* 債務者。

qēči *n.f.* 鋏（はさみ）。

qibla *n.m.* キブラ（イスラム教徒の礼拝の方角）。

qimati *a.* 高い、高価な。

qimiz *n.m.* 馬乳酒。

qirūtak *n.m.* 喉仏（のどぼとけ）。

qisir *a.* 子を生まない。

　qisir vaz 子を産まないヤギ。

qisūr *n.* 復讐。

　qisūr zēx̌tōw 復讐する。

qišlōq *n.m.* 村；冬営地。

qišqōr *n.m.* 雄の羊。

qīč *n.m.* 腹、おなか。

qīl *n.m.* 馬のたてがみ；尻尾の細毛。

qīmb *n.* 小石。

qīnōv *a.* 塩気のある、塩辛い。

qīw *n.m.* 叫び声。

　qīw čīdōw 叫ぶ。

qīwdōw （qīw:qīwd） *vi.* 叫ぶ。

qōbil *a.* 物分かりのよい；才能のある。

qōγaz *n.* 紙。

qōlīn *n.* 絨毯（じゅうたん）。

qōnūn *n.m.* 法律；法典。

qōq *a.* 乾いた、乾燥した。

qōqlīng *n.m.* 脚（くるぶしからふくらはぎまで）。

qōz *n.f.* ガチョウ。

qōzi *n.m.* 裁判官。

qulang *n.f.* 大ガラス。

qulf *n.m.* 錠、錠前。

　qulf čīdōw 錠をかける。

qurγan　*n.m.* 石垣、石塀。

　qurγan čīdōw　垣で囲う。

qurpāy　*n.m.* 酸っぱくなった牛乳。

qurštōw　（qurš:quršt） *vi.* いびきをかく。

qutqut　*n.m.* （雌鶏が）クックッと鳴く。

　qutqut čīdōw　クックッと鳴く。

quwat　*n.m.* 力、体力、腕力；勢力、権力。

qūl　*n.f.* 湖。

qūš　*n.m.* 馬のしりがい。

r

rabōb　*n.f.* ルバーブ（楽器の１）。

raftōw　（raf:raft） *vt.* 触れる、触る。

rama　*n.m.* （家畜の）群れ。

randa　*n.f.* 鉋（かんな）。

　randa δēdōw　鉋をかける。

ranǰ　*n.m.* 骨折り、努力；心労、心痛。

raqīb　*n.m.* 競争者、敵手。

rasm　*n.m.* 慣習、慣例の。

rasmi　*a.* 慣習の、慣例の。

rawō　*a.* 許された、正当な、合法な、流布している。

rawūn　*a.* 流れる；流通している。

rawzanak *n.m.* 頂点。

raх̌č *n.m.* 蝨（しらみ）の卵。

rāg *n.f.* 血管；静脈。

rāmat *n.m.* 慈悲、同情；哀れみ。

rāng *n.m.* 色、色彩。

rāx *a.* 麻痺した、痺れた。

　rāx sittōw 麻痺する、痺れる。

rāzan *n.m.* 強盗。

rāž *n.f.* 畦（あぜ）、まぐわ道。

rēdōw （ris:rēd） *vi.* 居残る、留まる。

rēg *n.f.* 砂利。

rēvdōw （rēv:rēvd） *vt.* 吸う；しゃぶる。

rēxta *a.* 流れた。

　rēxta čīdōw （血・涙を）流す。

rēz *n.m.* （獣などの）穴、巣。

ribīdōw （ribi:ribūyd） *vt.* 置く、据える。

ribuх̌č *n.m.* 乾糞。

ricīstōw （ricīθ:rucūst） *vi.* 走り去る、逃亡する。

rigūv *n.m.* 滝。

riγ̌zdōw （riγ̌j:riγ̌zd） *vi.* 振動する、震える。

rikōb *n.m.* 鐙（あぶみ）。

rimēdōw （rimi:rimōd） *vi.* 命じる、指令する、指図する。

rinīх̌tōw （rinēs:rinūх̌t） *vt.* 忘れる。

riš *n.m.* 大便。

riwēydōw （riwōs:riwēyd） *vi.* 腹がすく。

riwix̌tōw （riwāz:riwux̌t） *vi.* 飛ぶ、翔ぶ；逃げる。

riwōǰ *n.m.* 流行、流布；普及。

rix̌ēn *n.m.* ローシャーニー人。

rix̌ēwdōw （rix̌ēw:rix̌ēwd） *vt.* 刈り込む、剪定する。

rix̌tōw[1] （raz:rix̌t） *vt.* （葉が）落ちる。

rix̌tōw[2] （rarδ:rux̌t） *vt.* 掘る；掘り返す。

rix̌ūn *n.m.* ローシャーン。

rizīn *n.f.* 娘。

rizō *a.* 満足した。

rizō čīdōw 説得する。

rīm *n.f.* ハクヨウ（白楊）；はこやなぎ。

rīvdōw （rāv:rīvd） *vt.* （母獣の乳房を）吸う、しゃぶる。

rīx̌t *n.f.* 雪崩（なだれ）。

rōst *a.* 右の；真っすぐな；正しい。
—*n.m.* 正直。

rōsti *n.m.* 真実；正直。

rōšt （*m.* rūšt） *a.f.* 赤い。

rōv *n.m.* アギ（阿魏）。

rut *a.* 引き抜いた；もぎ取られた。

rut čīdōw 引き抜く；もぎ取る。

rux *n.m.* 光、明るさ。

ruxsat *n.m.* 許可、許容；賜暇、休暇。

rūγan *n.m.* 油；油脂。

rūmak *n.m.* クリーム・バターの小塊。

rūpcak *n.m.* 狐（きつね）。

rūptōw （rūb:rūvd） *vt.* 掻き集める；掃く。

rūrv （*f.* rōrv） *a.* 薄赤い；淡い赤色の。

rūšt （*f.* rōšt） *a.* 赤い；赤色の。

rūšti *n.f.* 赤さ。

rūzi *n.m.* 日々の糧。

S

sabab *n.m.* 原因、理由。

sabaq *n.m.* 学課、授業、レッスン。

sabri *n.m.* 我慢、辛抱、忍耐。

sabuk *a.* 軽い。

sabūst *n.m.* ふすま、ぬか。

sad *num.* 100、百。

sadō *n.m.* 声、呼び声；騒音、騒ぎ。

safar *n.m.* 旅、旅行。

safēbūn *n.m.* 老人。

—*a.* 白髭の、髭の白い。

safēdēj *n.* 白さ。

saγīr *n.m.* 孤児、みなしご。

saγri *n.m.* 馬の尻。

saktōw (sakc:sikt/sakt) *vi.* 身震いする。

salla *n.m.* ターバン。

salō *n.m.* 階段、対話；評議、協議。

samōs *n.m.* 炭化の有毒ガス。

samōs δēdōw 炭化の有毒ガスに中毒する。

samōwōr *n.f.* サモワール。

sanda *n.m.*（馬の）嘶き（いななき）。

sanda čīdōw いななく。

sandal *n.m.* 履物。

sandūn *n.f.* 金敷き、金床。

sandūq *n.f.* 箱、行李。

sangbaqa *n.m.* 亀（カメ）。

sangōv *n.m.* 州、浅瀬。

sarad *n.m.* 境、分界；辺境。

sarbandak *n.m.* 女性用ヘアバンド。

sard *a.* 寒い；冷たい。

sardōr *n.m.* 長官、長；主人、家長。

sarf *n.m.* 支出、出費。

sarf čīdōw 支出する。

sargin *n.m.* 馬糞。

sarkada *n.m.* 指導者、長、リーダー。

sarkōr *n.m.* 長、長官；貴殿、貴方。

sarmō *n.m.* 寒さ。

sarmōya *n.m.* 資本。

sarōy *n.f.* 宮殿；キャラバンサライ。

savja　*n.m.* 緑；草；草木、植物。
savji　*n.* 緑。
savzipōlak　*n.m.* ホウレンソウ。
sawdō　*n.m.* 商売、商取引。
sawdōgar　*n.m.* 商売人。
sawōd　*n.m.* 読み書きの能力。
sawōddōr　*a.* 読み書きのできる。
sawōl　*n.f.* 質問、問い。
sawōr　*a.* （馬などに）乗った。
saxō　*n.m.* 寛大；気前の良さ。
sayīd　*n.m.* サイッド。
sayli　*n.m.* 散歩、散策、逍遥。
　sayli nax̌tīdōw　散歩する。
sazō　*n.m.* 報復、応報；報い；罰。
sābūn　*n.m.* 石けん。
sāγ̌　*n.f.* 大蛇。
sāf　*n.m.* 列、行列；序列；整列。
sāl　*n.f.* 皮袋製の筏（いかだ）。
sām　*n.m.* 恐れ、恐怖。
sāmaǰin　*a.* 恐ろしい、恐い。
sān　*a.* 平らな、平滑な。
sānǰ　*n.f.* 太い角材。
sānǰak　*n.f.* 横木、横桁。
sār　*ad.* 明日。
sāraki　*ad.* 朝早く。

ar mēθ sāraki	毎日朝早く。
biyōr sāraki	昨日朝早く。
sārakaθ	*ad.* 朝早く。
sārb	*n.m.* 蕪（かぶ）。
sārōv	*a.* 平坦な、滑らかな。
sāy	*n.m.* 努力、骨折り。
sēbarga	*n.m.* クローバー、つめくさ。
sēc	*n.f.* 脾臓。
sēč	*n.m.* 凍った雪。
sēd	*n.f.* 敷石、舗石。
sēl	*n.m.* 地崩れ。
sēl–at sang	地崩れ。
sēntōw	(sēn:sēnt) *vt.* 持ち上げる。
sēr	*a.* 満腹の。
sēri	*n.m.* 満腹。
sērtōw	(sēr:sērt) *vi.* 忍び寄る。
sērx̌	*n.f.* 紡錘。
sērx̌ac	*a.* 水の多い。
sēšōx̌a	*n.f.* 熊手。
sēwdōw	(sēw:sēwd) *vt.* 擦る、摩擦する。
sēwǰi	*n.* 大腿骨。
sēx	*n.m.* 焼き串。
sēxkabōb	*n.m.* 焼き串の焼肉。
sibut	*a.* 盲目の。
sifēntōw	(sifēn:sifēnt) *vt.* 上げる。

sifīdow (sifān:sifīd) *vi.* 上がる。

sifc *n.f.* ビーズ、南京玉。

γūγ̌sifc 耳飾り。

sij *n.f.* 針。

sijak *n.f.* 留め金、掛けがね、ホック。

mōyi sijak 釣り針。

sikana *n.f.* のみ（鑿）。

sikij *n.f.* 製靴用の蝋引き糸。

sikta *a.* 不釣り合いの。

sinf *n.m.* 学級、教室；学年。

sinfi *a.* 学級の、教室の；学年の。

sipaγ *n.f.* 蝨（しらみ）。

sipar *n.m.* 盾。

sipēntōw (sipēn:sipēnt) *vt.* 撒く、散布する。

sipin *n.m.* 鉄。

sipinin *a.* 鉄製の。

sipīftōw (sipāf:sipīft) *vt.*（動物が乳を）吸う、しゃぶる。

sipō *n.m.* 部隊、軍；兵士。

sipōrn *n.f.* 鋤（すき）。

sipōrtōw (sipōr:sipōrt) *vt.* 委託する。

sipōx̌c *n.m.* 丸太、角材。

sipōyi *a.* 機敏な、如才無い。

sipun *n.f.* 鋤頭。

sir *n.m.* 秘密、機密、内緒。

sirēx̌	*n.m.* 膠；糊。
siridōw	（sirēw:sirud） *vt.* 分ける、離す。
sirix̌ta	*n.m.* 準備、支度、用意。
sirōq	*n.m.* 問い合わせ、質問；探究。
sirōyi	*n.f.* 水ギセルの皿。
sitam	*n.m.* 圧迫、抑圧、迫害。
sitan	*n.f.* 柱。
sitēptōw	（sitēb:sitēpt） *vt*. 掻き回す。
sitid	*a.* （液体・スープが）濃い。
sitōwix̌	*n.m.* 称賛、賛美。
sitq	*n.m.* 誠意、誠実。
sittōw	（sāw:sut/sutt） *vi.* 行く；（…に）なる。
sitūr	*n.m.* 有角獣、特に牛。
sitūrčīd	*n.m.* 牛小舎。
sitxūn	*n.m.* 骨。
sitxūnak	*n.m.* 小骨。
siyōsat	*n.m.* 政治；政策。
siyōyi	*n.m.* インク、インキ。
siyōyidūn	*n.m.* インク壷。
sī	*num.* 30、三十。
sīm	*n.m.* 針金；電信。
sīmōv	*n.m.* 水銀。
sīna	*n.m.* 胸。
sīr	*n.f.* ニンニク（大蒜）。
sīrǰ	*n.f.* レンズ豆、平豆。

sīt *n.m.* 土（つち）、土くれ。

sīv *n.m.* 雄ヤギ。

sīvd *n.m.* 肩。

sīvdak *n.m.* 鴨居（かもい）。

sōat *n.f.* 時、時刻、時間。

sōδa *a.* 簡単な、単純な、簡潔な。

sōf *ad.* きれいに、清潔に。

sōl *n.f.* 年、一年。

sōya *n.f.* 陰。

sōyib *n.m.* 主人；所有者；（～）さん。

sōz *n.f.* 歌う（こと）、メロディー。

  sōz lūvdōw 歌う。

  sōz čīdōw （楽器の）調子を合わす。

sōzak *n.f.* 歌。

sōzinda *n.m.* 音楽家。

sulli *n.m.* 平和。

suman *a.* 黒褐色の、黒栗毛の。

sumb *n.m.* 馬蹄。

sumbla *n.f.* 乙女座；穂。

sunni *n.m.* スンニイー派教徒。

surb *n.m.* 鉛。

surxūn *a.* あし毛の。

sust *a.* 弱い。

sustǰūn *a.* 病弱な、虚弱な。

sūči *n.f.* スズメ。

sūg	*n.m.* 物語、話。
sūn	*n.m.* 木綿；織物。
sūr	*n.m.* 宴会；婚礼、結婚式。
sūr čīdōw	結婚式を挙げる。
sūrat	*n.m.* 絵画、絵；外観。
sūrv	*n.m.* ダニ。
sūxta	*a.* 焦げた。
sūxta sittōw	焦げる。
sūzax̌	*n.m.* 燃焼。

Š

šaftōli	*n.f.* 桃。
šagēn	(šīg の複数) *n.m.* 小牛。
šaγ	*n.m.* 枯れ枝、粗朶。
šakar	*n.* 砂糖。
šambi	*n.m.* 土曜日。
šamšēr	*n.* 刀。
šand	*n.m.* 唇。
šandēntōw	(šandēn:šandēnt) *vt.* 笑わせる。
šarāt	*n.m.* シャリア、イスラム法。
šarδak	*n.m.* 泥（どろ）。
šarδīc	*n.m.* 肛門。
šarōb	*n.* 葡萄（ブドウ）酒。
šart	*n.m.* 条件；契約；賭け、賭事。

šarvidōǰ	*n.* 小川、流れ。
šat	（*m*:šut） *a.f.* びっこの。
šavzōd	*n.f.* ナンキンムシ。
šawōlak	*n.m.* ズボン。
šawq	*n.m.* 関心、興味。
šaytūn	*n.m.* サタン、悪魔。
šāl	（*m.* šīl） *a.f.* 片手のない。
šām	*n.m.* 蝋燭（ろうそく）。
šēr	*n.m.* ライオン。
šēramardi	*n.m.* 勇気、勇敢。
šērbača	*a.* 勇気のある、勇敢な。
šērōzi	*n.m.* 刺繍（ししゅう）。
šērōzi wēδdōw	刺繍する。
šēx	*n.m.* シエイフ；族長；頭。
šič	*ad.* 今、現在。
šifaqak	*n.m.* 啜り泣く声。
šifaqak čīdōw	啜り泣く。
šilak	*a.* 裸の。
šilaq	*a.* 不注意な；無頓着な。
šiliq	*a.* 弱くなった、無力になった。
šipīk	（*f.* šipāk） *a.* 平らな、平坦な。
šiplōq	*n.m.* 口笛。
širēptōw	（širēp:širēpt） *vt.* 沸かす；発酵させる。
širīptōw	（širāp:širīpt） *vi.* 沸く；発酵する。
šitō	*a.* 寒い。

šitōžak *n.m.* 大黄（ダイオウ）。

šiturmurγ *n.f.* 駝鳥（ダチョウ）。

šix̌tōw （šarδ:šux̌t） *vi.* 排便する。

šīg （*pl.* šagēn） *n.m.* 雄の小牛。

šīl （*f.* šāl） *a.* 片手のない。

šīntōw （šānd:šīnt） *vi.* 笑う。

šīrīn *a.* 甘い。

šōš *n.m.* 砂。

šōv *a.* 静かな、穏やかな、平穏な。

šum *a.* 怠け者の、怠惰な。

šurčak *n.m.* くるぶし、足首。

šut （*f.* šat） *a.* びっこの、

šūδ *n.m.* 刺（とげ）、針。

šūδin *a.* 刺のある、刺の多い。

šūδzōr *n.m.* 灌木林、藪。

šūla *n.m.* 粥（かゆ）。

šūnč *n.m.* 笑い。

šūrō *n.m.* 評議会；会議。

t

tabasum *n.m.* 微笑。

tabīb *n.m.* 医師。

tabīla *n.m.* 馬小屋。

tafax̌ *n.m.* 蒸気、湯気。

tagōv *ad.* 下に、下部に。

—*a.* 低い。

—*n.m.* 下、下部；南。

as tagōv 下から。

ar tagōv 下に。

taγōr *n.m.* 水差し。

taksari *n.m.* 枕。

takya *n.m.* クッション。

talōq *n.m.* 離婚。

talōš *n.m.* 努力、骨折り。

tambal *a.* 怠け者の、怠惰な。

tambūn *n.m.* ズボン。

tamōki *n.m.* タバコ。

tamōr *n.m.* 香袋；護符入れ、魔よけ入れ。

tamōšō *n.m.* 見物；見学。

tamōšōgar *n.m.* 見物人；見学者。

tamūm *a.* すべての。

tamūm čīdōw 終える、終了させる。

tandirust *a.* 健康な、元気な。

tanīǰak *n.m.* 蜘蛛（くも）。

tanō *ad.* ひとりで。

tanōb *n.m.* 細紐、細引。

tanuk *a.* 薄い。

tanuk kōγaz 薄い紙。

taqdīr *n.m.* 運命、宿命。

taqsīm *n.m.* 分割；配分。

taqtōw （taq:taqt） *vt.* とんと叩く。

tar *prep.* （～）へ；（－の）方へ。

　tar kā どちらへ。

　tar kat vud? 君はどこにいたか？

　tar pirō （～の）まえで、面前で。

taram *ad.* そこに、そこで、そこへ。

tarbuz *n.m.* 西瓜（スイカ）。

tarδēntōw （tarδēn:tarδēnt） *vt.* 踏み荒らす。

tarēd *ad.* そこで。

tarmurx *n.m.* 卵；種。

　čax̌ tarmurx 鶏の卵。

tarvaǰ *n.m.* 外、外部。

taryōk *n.f.* アヘン（阿片）。

taryōki *n.m.* アヘン常用者。

taslim *n.m.* 降参、服従；引渡し；降伏。

tasma *n.m.* 皮ひも、ベルト。

tašwīš *n.m.* 心配、不安；動揺；恐れ。

tavār *n.m.* 斧（おの）。

taxta *n.m.* 板。

tax̌p （*m.*tux̌p） *a.f.* 酸い、酸味のある。

tayōq *n.m.* 棒；杖。

tayōr *a.* 用意のできた、準備のできた。

　tayōr čīdōw 準備する、用意する。

tāb *n.m.* 熱、発熱。

tām *ad.* あとで、それから。

tāng *a.* 狭い；きつい。

tāptōw （tāp:tāpt） *vt.* 踏み付ける、踏み躙る。

tāt *n.m.* 父、父親。

tāx *n.f.* 山；絶壁、断崖。

tēptōw （tēp:tēpt） *vt.* （時計を）巻く。

tēr *a.* 黒い、黒色の。

tēwdōw （tēw:tēwt） *vt.* 掻き混ぜる。

tēx̌tōw （tēx̌:tēx̌t） *vt.* 削る；剃る。

tēx̌īǰak *n.f.* 手斧。

tēz *a.* 早い；鋭い、鋭利な、先の尖った。

tēzdōw （tēz:tēzd） *vt.* 濾す。

–ti *post.* （～）に、（～の）方へ；（に）よって。

xu fōrax̌–ti 自分の判断で。

xu ǰōy–ti その場所で。

daftar–ti ノートに。

fukaθ yīw–ti みんな一緒に。

tika *a.* ぼろぼろの、こなごなの。

tika čīdōw ぼろぼろにする。

tikrōr *n.m.* 反復、繰り返し。

tikrōr čīdōw 反復する、繰り返す。

tilāptōw （tilāb:tilāpt/tilīpt） *vt.* 求める、頼む；呼ぶ、招く、招待する。

tilči *n.m.* 翻訳者；通訳。

tilifūn *n.f.* 電話。

tilism *n.m.* 呪文；護符、お守り。

tillō *n.m.* 金、黄金。

tilmōč *n.m.* 翻訳者；通訳。

tinǰ *a.* 静かな、穏やかな、平静な。

tirak *a.* 若い、新しい、新鮮な。

tirak x̌abīj 若枝。

tirak šīg 生まれたばかりの雄の小牛。

tirōzi *n.* 平均、平衡；天秤。

tirum *n.f.* ラッパ。

tirum δēdōw ラッパを吹く。

tirux̌rūy *a.* 厳しい、厳格な。

tis *a.* 流れた。

tis čīdōw 流す。

tis sittōw 流れ出る。

tix̌tōw (tarδ:tux̌t) *vi.* (特に犬が) 喧嘩する。

tīdōw (ti:tūyd) *vi.* 行く、赴く。

tīr *n.m.* 上の、上部。

a. 上の、上部の。

pitīr 上へ。

astīr 上から。

tīramō *n.m.* 秋。

tīrcūb *n.m.* 棒。

tīvdak *n.f.* 小蝿。

tīždōw (tāž:tīžd) *vt.* 引っ張る。

tō[1] *conj.* (…) や否や。

prep. (…) まで。

tō[2] *n.m.* 襞、しわ。

tō čīdōw 曲げる、折る。

tōb *n.m.* 我慢、辛抱、忍耐。

tōb čīdōw 我慢する、辛抱する。

tōbistūn *n.m.* 夏。

tōbūt *n.m.* 棺。

tōǰ *n.m.* 王冠；花冠。

tōǰik *n.m.* タジク人。

tōǰiki *n.m.* タジク語。

—*a.* タジクの。

tōǰir *n.m.* 商人。

tōqaθ *ad.* 一人で。

tōrik *a.* 暗い。

tōrik sittōw 暗くなる。

tōrīxi *a.* 歴史的な。

tōrōǰ *n.m.* 強奪、掠奪、略奪。

tōrōǰkinīǰ *n.m.* 強奪者、略奪者。

tōrtānīǰ *n.m.* 織工。

tōrtānīǰak *n.* 蜘蛛（くも）

tōrx̌ *n.* 手斧。

tōškand *n.m.* タシケント。

tōv *n.m.* 回、度。

δu tōv 二度。

aray tōv 三度。

tōza *a.* 新鮮な；清い、清潔な。

tuf *n.m.* 唾。

tuf čīdōw 唾を吐く。

tufč *n.m.* よだれ。

tuftōw （tuf:tuft） *vi.* 唾を吐く。

tuγri *a.* 正しい；整った、真っすぐな。

tuγri čīdōw まとめる；整理する。

tumān *n.m.* 霧。

tundur *n.m.* 雷、雷鳴。

tux̌na *a.* 空腹の。

tux̌nagi *n.m.* 空腹。

tux̌p （*f.* tax̌p） *a.* 酸い、酸味のある。

tūδ *n.m.* 桑。

tūδbix̌t *n.m.* 桑の粉。

tūδin *a.* 桑の。

tūfūn *n.m.* 洪水。

tūγm *n.m.* 種、種子。

tūγmwēδd *n.m.* 播種。

tūr *n.m.* 網。

tūti *n.f.* 鸚鵡（おうむ）。

θ

θēwdōw （θēw:θud） *vt.* 点火する。

θēwnak *n.f.* スナバエ、チョウバエ。

θidōw （θāw:θud） *vi.* 燃える、焼ける。

θīk θīk *n.m.* 吃ること。

  θīk θīk čīdōw 吃る。

θīr *n.m.* 灰。

θōw *n.f.* 烙印、焼印。

  θōw nēδdōw 烙印を押す。

u

–u *post.* と、そして。

  bist–u aray 23, 二十三。

  tāt–u nān 父母。

ukm *n.m.* 命令；判決。

ukmdōr *n.m.* 支配者、統治者。

ukūmat *n.m.* 政府；政治、統治、支配。

umri *n.m.* 生命、寿命；人生；生涯。

uqūq *n.m.* 法、法律。

urus *a.* ロシアの。

	—*n.m.* ロシア人。
urusi	*n.m.* ロシア語。
urūf	*n.m.* 文字。
ux̌	*n.m.* 意識、正気、感覚；知恵；注意力、注意。
ux̌tur	(x̌itur とも) *n.f.* ラクダ。
ux̌yōr	*a.* 聡明な、賢明な；用心深い。
uzbak	*n.m.* ウズベク人。
	—*a.* ウズベク人の。
uzbaki	*n.m.* ウズベク語。

V

–va	*post.* (～) で、(～) に。
pūnd–va	道で、途中で。
x̌ār–va	町で、都市で。
dēwōl–va	壁に。
x̌ac–va	水面に。
vaǰ	*n.m.* 外、外部、外面。
tar vaǰ	外へ。
tar vaǰ sittōw	外出する。
varθ	*a.* 双方の、両方の。
ar varθaθ	二人で。
vaz	*n.m.* 山羊（ヤギ）。

vār *n.m.* 力、能力。

vār δēdōw 出来る。

sittōw var δēdōw 外出できる。

vāx̌ *n.f.* 縄；綱。

vēgaki *ad.* 晩に、夕方に。

vēgayīnǰ *a.* 昨日の。

vēgā *ad.* 夕方に。

vēgārd, vēgārad 夕方までに。

vēgīnǰ *ad.* 夕方から。

vēgīnǰaθ *ad.* 夕方から。

vēj *n.m.* 灌漑の順番。

vērj （*m.* vōrj） *n.f.* 雌馬。

vidējij *n.m.* 灌漑。

vidējīǰ *n.m.* 灌漑する人。

vidēzdōw （vidēj:vidūyd） *vt.* 灌漑する。

vidīrm *n.m.* 枝箒；箒木、箒草。

vidīwdōw （vidēj:vidūyd） *vt.* 灌漑する。

vidōw （vi:vud） *vi.* ある、存在する；(…）である。

vidūvjin *a.* 灌漑の。

virēdōw （viri:virūyd,virūd） *vt.* 発見する、見付ける。

virēka *n.m.* 食器；丼、椀、鉢。

virēx̌um *n.* 絹。

virēx̌umi *a.* 絹の。

virix̌tōw （viraγ̌:virux̌t） *vi.* 壊れる。

virōd *n.m.* 兄弟。

fis̆tīr virōd 弟。

virōdingi *a.* 兄弟の。

virux̌c̆in *a.* 壊れた、割れた。

virūγ̌ *n.m.* 眉。

virx̌ *n.m.* たてがみ；尻尾の毛。

virx̌in *a.* 毛の、毛製の。

viznec *a.* ヤギの。

vīdōw （vār:vūd） *vt.* 持ってくる；連れてくる。

vīnō *n.f.* 酒。

vīstōw （vīnd/vīs:vūst） *vt.* 縛る、結ぶ、包む。

vō *ad.* 再び、また、さらに。

vōga *ad.* その上、なお；もう一度。

vōγ̌j （*m.* vūγ̌j） *n.f.* 長い。

vōr *n.m.* 子宮、腹。

vōrǰ （*f.* vērj） *n.m.* 雄馬。

vōrǰak *n.m.* 玩具の馬。

vōrǰdiwēnt *n.m.* 競馬。

vūγ̌j （*f.* vōγ̌j） *a.* 長い。

vūr *a.* 褐色の。

W

wabō *n.m.* コレラ。

waγγast *n.m.* 叫び声、叫び。

waγγast čīdōw 叫ぶ、大声をあげる。

wakīl *n.m.* 代議士；代理人；弁護士。

waram *n.m.* 腫れ；膨れ。

waram čīdōw 腫れる；膨れる。

wi qīč waram. 彼は腹が膨れた。

waraq *n.m.* 頁、ページ。

warδān *n.f.* 錘、紡錘。

warδīvdōw （waδūj:warδūjd） *vt.* クルミの外皮をむく。

warvand *a.* 沸いた、沸騰した。

warvand x̌ač 湯。

warvdōw （warv:warvd） *vt.* 沸かす。

waštōw （waš:wašt） *vi.* 手を振る。

watan *n.m.* 郷土、郷里。

watandūsti *n.m.* 郷土愛。

waxt *n.m.* 時間、時；時刻。

—*ad.* 早く。

wax̌t *num.*8、八。

wax̌tum *a.* 第8の。

way *int.* ああ、おお。

wazārat *n.m.* 省。

wazīfa *n.m.* 義務、任務、勤め、務め。

wazīr *n.m.* 大臣。

wazmīn *a.* 重い、重量のある。

wāda *n.m.* 時、期限。

wāγdōw (wāγ:wāγd) *vi.* 泣く、号泣する；叫ぶ、怒号する。

waγīǰ *n.m.* 泣き虫；怒号する人。

wām *n.m.* 悪魔。

wāmdōr *n.m.* 悪魔とりつかれた人。

wān *n.f.* 柳。

wānin *a.* 柳の。

wārg *n.m.* 子羊。

wārgbūst *n.m.* 羊毛皮。

wāz *n.m.* 説教、伝道；宣伝。

wēb *n.f.*（穀物の）束。

wēd *n.f.* 柳。

wēδ *n.f.* 流れ、川；溝渠、掘割り。

wēδdōw (wēδ:wēδd) *vt.* 播く；脱ぐ。

wērvdōw (wērv:wērvd) *vt.* 沸かす；湯で煮る。

wēx̌ *n.m.* 根；根部。

wēx̌tōw (wōx̌:wēx̌t) *vi.* 落ちる、倒れる。

wēzdōw (wēz:wēzd) *vt.* 泳がせる；泳いで川を渡らせる。

widir *ad.* 三日後。

wiδēd *n.m.* 指尺（親指と人差し指を張った長さ）

wiδic *n.f.* スズメ（雀）。

wiδīwdōw （wiðūj:wiδūyd）*vt.* 摘む、引き抜く；（豆のさやを）とる。

wiδūm *n.m.* 天井。

wilōyat *n.m.* 州（行政区画）。

winīr *n.m.* 秣桶。

winōγ *n.m.* 毛糸。

wirēmtōw （wirēmb:wirēmt）*vt.*（馬・牛などを）休ませる。

wirēx̌tōw （wirēx̌:wirēx̌t）*vt.* 切る、切断する。

wirīvdōw （wirāfc:wirūvd）*vt.* 立ち上がる、起き上がる。

wištōw （wiš:wišt）*vt.* 掻き回す。

wixin *n.m.* 血、血液。

wix̌čērn *n.m.* 肘（ひじ）。

wix̌idōw （wix̌t:wix̌id）*vt.* 開く。

wix̌ix̌tow （wix̌aγ:wix̌ux̌t）*vt.*（痒いところを）掻く。

wix̌īj *n.f.* 鍵。

wix̌ījak *n.f.* 懸よう垂。

wix̌kīvdōw （wix̌kamb:wix̌kūvd）*vt.*（羊毛を）すく；選別する。

wix̌tak *n.f.* 赤ん坊。

wix̌tēn *n.f.* 乾草。

wiyōw *n.m.* 足の運び、歩き方、一歩。

wizdōw (wiz:wizd) *vi.* 入る。

wizēnčōz a. 賢い、賢明な、明敏な。

wizēntōw (wizūn:wizēnt) *vt.* 知っている、分かる。

wizidōw (wizēw:wizud) *vt.* 消す、消化する。

wīftōw (wāf:wīft) *vt.* 織る。

qōlīn wīftōw 絨毯を織る。

wīntōw (win:wīnt) *vt.* 見る、会う、遇う。

wīx̌tōw (wāz:wīx̌t) *vi.* 泳ぐ。

wīz *n.m.* 荷、積み荷。

wīzak *n.m.* 堆積、山、乾草堆。

wīzdōr *n.m.* 運搬人。

wōlč *n.f.* 畦（あぜ）。

wōltōw (wōl:wōlt) *vt.* （鳥が卵を）抱く。孵す。

wōskat *n.f.* チョッキ、胴着。

wōx̌ *n.m.* 草。

wuctōw (wuc:wuct) *vi.* 動く；揺れる。

wulčāk *n.m.* 揺りかご。

wulčāk nix̌ēptōw 揺りかごを揺する。

wuzdōw (wuz:wuzd) *vi.* 動く。

wūγdōw (wūγ:wūγd) *vi.* 吠える。

wūγ̌ǰ *n.m.* 腎臓。

wūn *n.m.*（未加工の）羊毛。

wūnin *a.* 羊毛の；羊毛製の。

wūrγ̌ *n.m.* ウールの毛糸。

wūrǰ *n.m.* 狼（おおかみ）。

wūrv *n.m.* 沸騰。

wūrv δēdōw 沸騰する、沸き立つ。

wūrv wēδdōw 沸騰する、沸く。

X

xabar *n.m.* ニュース、消息；通知、報告。

xabar čīdōw 通知する、報告する。

xabar sittōw 知る。

xabarkax̌ak *n.m.* 密告者。

xalal *n.m.* 損、損害、損失。

xalal firēptōw 害する、損失を与える。

xalīfa *n.m.* カリフ。

xalōs *a.* 解放された、自由な。

xalōs čīdōw 解放する、自由にする。

xalta *n.m.* 袋。

xan *n.m.* 船。

xandaq *n.m.* 穴、濠、堀；塹壕。

xarbuza *n.m.* メロン。

xarč *n.m.* 費用、出費、経費。

  xarč čīdōw 支出する。

xarīd *n.m.* 購入、買うこと。

  xarīd čīdōw 買う、購入する。

xarīdōr *n.m.* 買い手、買主、顧客。

xarōb *a.* 壊れた；故障した；腐った。

xatar *n.m.* 危険。

xax̌ *a.* むずかしい、困難な；厳しい。

xayōl *n.m.* 考え；想像。

  xayōl čīdōw 想像する。

xazīna *n.m.* 金庫。

xazūn *n.m.* 秋。

xazūni *a.* 秋の。

xāγ̌ (*f.* xīγ̌) *a.m.* 甘い。

xāt *n.f.* 手紙；証書、文書。

xātkax̌ *n.m.* 物差し、定規。

xāvdōw (xāfc:xāvd) *vi.* 下りる、降下する。

xēδ *n.m.* 汚れた、垢。

xēδin *a.* 汚れた、垢のついた。

xēx̌ *n.m.* 親戚、親類。

xēz *a.* 右の。

xidār (*m.* xidīr) *a.f.* 大きい。

xidōrǰ *n.m.* 水車；水車小屋。

xijīv *n.m.* ガラス豆。

xirgō *n.m.* テント。

xirǰīn	*n.m.* 鞍袋。
xirman	*n.m.* 打穀；打穀場；収穫。
xisīrj	*n.m.* 夫の兄弟；妻の兄弟；姉妹の兄弟。
xisur	*n.m.* 義父（妻の父；夫の父)。
xist	*a.* 濡れた。
xix̌t	*n.* 煉瓦（レンガ)。
xiyūnat	*n.m.* 裏切り；反逆；不貞。
xiyūnatgar	*n.m.* 裏切り者；反逆者；不貞者。
xizmat	*n.m.*務め、勤務;奉仕、尽力、貢献。
xizmatgōr	*n.m.* 召使。
xīč	*a.* 小さい、細かい。
xīč čīdōw	砕く、割る。
xīdōw	（xār:xūd） *vt.* 食べる。
xīf	*n.m.* 泡、バブル。
xīγ̌	(*f.* xāγ̌) *a.m.* 甘い；快い、楽しい。
xīr	*n.m.* 太陽。
xīrnēδd	*n.m.* 日没；西。
xīrnīst	*n.m.* 日没、日の入り。
xīrpal	*n.m.* 日の出；東。
xīstōw	（xay:xūst） *vt.* 打穀する。
xīx̌	*n.f.* 義母（夫・妻の母)。
xōb	*int.* 立派だ！よし！
xōγ̌	*num.* 6、六。
xōǰ	*n.m.* （穀草の）束；穀物；打穀。

xōǰ xīstōw	打穀する。
xōkrūγan	*n.m.* 灯油。
xōla	*n.f.* 母方のおば。
xōlak	*n.m.* おじ（母の兄弟）。
xōli	*a.* 空の。
xōr[1]	*n.m.* 刺（とげ）、針。
xōr[2]	*a.* 卑しい、卑怯な。
xōrpux̌t	*n.f.* ハリネズミ。
xōyiš	*n.m.* 願い、頼み、依頼；要求。
xu	*pron.* 自己、自身。
	—*a.* 自身の、自分の。
xurd	自身に、自身のために。
xund	自身のもの。
xub	*ad.* よく、立派に。
xubaθ	*pron.* 自身。
xudpisand	*a.* 自己中心の。
xudrūy	*a.* 自生の、野性の。
xuδōy	*n.m.* 神。
xuftan	*n.m.* 夕方。
xuγ̌nūn	*n.m.* シュグナーン。
xuγ̌nūni	*n.m.* シュグナーン語、シュグニー語；シュグナーン人。
xurōk	*n.m.* 食物、食品。
xusūs	*ad.* 特に。
xušbūy	*a.* 芳しい、いい匂いの。

xušrūy *a.* 美しい、きれいな。

xušwaxt *a.* 楽しい、嬉しい。

xux̌gōw *n.m.* 【動】ヤク。

xux̌pā *n.m.* スープ。

xūδm *n.m.* 眠り、睡眠；夢。

xūg *n.m.* 豚。

xūm *a.* 生の；未熟の。

xūnadōr *n.m.* 家主。

xūni *a.* 血の、血液の。

xūnrēzi *n.m.* 虐殺。

xūrn *n.f.* カラス。

xūy *n.m.* 気質、気性。

X̌

x̌ab *n.m.* 夜、夜間。

  x̌ab–at mēθ 昼夜、日夜。

x̌abā *ad.* 夜に。

x̌abgardak *n.f.* コウモリ（蝙蝠）。

x̌abīj *n.f.* 小枝。

x̌abnam *n.m.* 露。

x̌abōxūn *n.m.* 夜襲。

x̌abparak *n.m.* コウモリ（蝙蝠）。

x̌ac *n.f.* 水。

x̌acēn *a.* 潅漑農業の；青の。

x̌adūδ *n.f.* 黒桑。

x̌af *n.m.* 刺すこと、突くこと。

x̌af čīdōw 刺す、突く。

x̌ar *n.f.* 刺（とげ）、針。

x̌arfič *a.* 滑らかな、すべすべする。

x̌arm *n.m.* 羞恥、羞恥心、はにかみ。

x̌arvō *n.f.* スープ。

x̌at *int.* 黙れ！静かに！しっ！

x̌avak *n.m.* こぶし（掴む形にした）。

x̌avdēki *n.m.* 蒸し煮された肉。

x̌āb *n.m.* 夜、夜間。

x̌āb–at mēθ, x̌ab–at mēθ 日夜、昼夜。

x̌ābaki *adv.* 夜に。

x̌ābi *a.* 夜の。

x̌āl *n.f.* 小丘、小さい岡。

x̌āparak *n.f.* 蝶々。

x̌ār *n.m.* 都市、市。

x̌ārbīnǰ *n.m.* トウモロコシ。

x̌āri *a.* 都市の、市の。

x̌āst *n.m.* 釣針。

x̌ēd *n.* 大きい石。

x̌ēvdōw (x̌ōfc:x̌ōvd) *vi.*寝る、横になる、休む。

x̌ēydōw (x̌ōy:x̌ēyd) *vt.* 読む；歌う。

x̌icēdow (x̌ici:x̌icōd) *vi.* 凍結する、凍える。

x̌icōδǰin *a.* 凍えた。

x̌ičēftōw (x̌ičēf:x̌ičēft) *vt.* 打ち砕く、粉砕する。

x̌ičix̌tōw (x̌ičand:x̌icux̌t) *vt.* 切る。

x̌ičīf *n.m.* モルモット。

x̌ičīftōw (x̌ičāf:x̌icīft) *vi.* 割れる。

x̌ičōfc̀ *n.m.* 裂目、割れ目。

x̌idōw (x̌in:x̌ud) *vt.* 聞く。

x̌idyōr *n.m.* 耕地；耕作。

  x̌idyōr čīdōw 耕作する。

x̌ikiftōw (x̌ikafc:x̌ikuft) *vi.* 開花する、咲く。

x̌inōw *n.m.* 水泳。

  x̌inōw čīdōw 泳ぐ。

x̌irbīǰ *n.m.* 蛙（カエル）。

x̌irf *a.* 滑る、滑らかな。

x̌itērc *n.f.* 星。

x̌itum *n.f.* 兎（ウサギ）。

x̌itur *n.f.* 駱駝（ラクダ）。

x̌iturdōr *n.m.* 駱駝追い、駱駝引き。

x̌iwēzn *n.f.* 槍（やり）。

x̌īǰ (x̌aǰēn) *n.m.* 雄牛。

x̌īn *a.* 青い。

x̌īvdōw (x̌ēb:x̌īvd) *vt.* 叩く、打つ、殴る。

x̌ōgird *n.m.* 生徒；弟子。

x̌ōǰ *n.m.* 恐怖、恐れ。

x̌ōǰiǰin *a.* 怖じけた、びくびくした。

x̌ux̌ *n.m.* 肺、肺臓。

x̌ūc *n.m.* 風。

　x̌ūc čīdōw　（穀物を）ひる、吹き分ける。

x̌ūm *n.m.* 夕方、晩。

x̌ūmi *a.* 夕方の、晩の。

x̌ūvd *n.m.* 牛乳。

　x̌ūvd čīdōw　搾乳する。

y

yakpōδak *ad.* 片足で。

yakšambi *n.m.* 日曜日。

yasīr *n.m.* 捕虜。

　yasīr čīdōw　捕虜にする。

ya(t)tōw (yad:yat(t)) *vi*. 来る；到来する。

yax *n.f.* 姉妹。

　fištār yax　妹。

yāni *ad.* すなわち。

yāx *n.m.* 氷。

　yāx čīdōw　凍る。

yēd *n.m.* 橋。

yēdand *ad.* ここで。

yēdandir *ad.* ここに。

yēdard *ad.* ここへ。

yēdōw (yōs:yōd) *vt*. 運ぶ。

yēγir	*n.m.* 種馬。
yēlak	*n.f.* 篩（ふるい）。
yēlōq	*n.m.* 夏の放牧地、夏営地。
yēt	*a.* 開いた。
yēt čīdōw	開ける。
divi yēt ki	ドアーを開けなさい！
yēθ	*n.m.* 巣。
divūsk yēθ	蛇の巣。
pūrg yēθ	鼠の巣。
čax̌ yēθ	雌鶏の巣。
yica	*pron.* なにか、なにかあるもの。
yič	*pron.* なにも（…）ない。
yičāy	*pron.* 誰も（…）ない。
yiga	*a.* 他の。
yigūn	*a.* 若干の、幾らかの。
yigūn yigūn	*ad.* 時々、時折。
yiǰōy	*ad.* ある場所で、あるところで。
yīdōw	（yān:yūd） *vt.* 碾く、粉にする。
yīw	*num.* 1、一。
yīwaθ	*a.* 同じ、同一の。
yīwǰaθ	*a.* 一つの、単独の。
yō[1]	*int.* おお！
yō[2]	*conj.* あるいは。
yōc	*n.m.* 火。
yōδ	*n.m.* 記憶、覚え；回想；意識。

yōδ δēdōw　暗記する、覚える。

yōδ anǰīvdōw　学ぶ。

ba yōδ anǰīvdōw　思い出す。

yōδ čīdōw　学ぶ。

yōl *n.m.* たてがみ。

yōr *n.m.* 友、友人、友達。

yōri *n.m.* 手助け、援助。

yōri δēdōw　助ける。

yu *pron.m.* これ。

f. yam　これ（女性形）（その他の語形変化に関しては、文法概略を参照のこと）。

yuγ *n.f.* くびき（軛）。

yūd–at yam *ad.* そこかしこに。

yūdand *ad.* そこへ。

yūdandir *ad.* そこに。

yūdard *ad.* そこへ。

yūrx̌ *n.m.* 熊（くま）。

yūx̌k *n.m.* 涙。

Z

zalal *n.m.* 損害；害、害毒。

zalalnōk *a.* 損害を齎らす；有毒な。

zamīn *n.m.* 土地。

zamīnǰum(b) *n.m.* 地震。

zamūn *n.m.* 時代、時期。

zandūn *n.m.* 監獄、刑務所。

zangi *a.* 黒い（牛に関して用いる）。

zangi x̌īǰ 黒牛。

zangūla *n.f.* 鈴。

zanjabīl *n.f.* ショウガ（生姜）。

zaqax̌ *n.m.* 落ち着き、沈静。

zaqtōw （zaq:zaqt） *vi.* 退屈する、倦怠する。

zar *n.m.* 金；お金。

zar–at nax 金銭。

zarčūva *n.f.*【植】鬱金（ウコン）。

zardak *n.f.* 人参（ニンジン）。

zarδōv *n.m.* 膿。

zarīc *n.f.*【鳥】シャコ（鷓鴣）。

zarūr *a.* 必要な。

zarwīn *a.* よった、なった；巻かれた。

zarwīn čīdōw 撚る、なう；巻く。

zarwīn sittōw 撚れる；巻かれる。

zarwīntōw （zarwīn:zarwīnt） *vt.* 巻き付ける、包む。

zaxīra *n.m.* 貯え、貯蔵、備蓄。

zaxmi *n.f.* 傷；負傷。
—*a.* 負傷した、傷ついた。

zādūn *n.f.* 子宮。

zāg *n.m.* 沼、湿地。

zāng *n.m.* 鈴；ベル。

zār *n.m.* 毒、毒物。

zāxm *n.f.* 傷、負傷。

zēdōw （zi:zōd） *vt.* 生む、分娩する。

zēx̌tōw （zēz:zōx̌t） *vt.* 取る、掴む。

zibidōw （ziban:zibud） *vi.* 跳ぶ、跳ねる。

zidix̌tōw （zidarδ:zidux̌t） *vi.* 裂ける、切れる。

zidīdōw （zidār:zidūd） *vt.* 下へ投げる。

zidūn *n.f.* 倉庫、蔵。

zigērtōw （zigēr:zigērt） *vt.* 追い出す、放逐する。

ziγēr *n.f.* アマ（亜麻）。

zimāδ *n.m.* 大地、土地。

zimc *n.f.* 耕地、畑、畑地。

zimistūn *n.f.* 冬。

zinaγ̌ *n.f.* 息子の妻。

zinda *a.* 生きている。

zindagi *n.m.* 生活；生命；居住。

zindagi čīdōw 生きる；居住する。

zinēdōw （zini:zinōd） *vt.* 洗う、洗濯する。

zingūn *n.m.* 顎（あご）。

zinōc *n.m.* 水泳用の浮袋；水を運ぶ皮袋。

ziv *n.f.* 舌；言語、ことば。

ziwēstōw （ziwēδ:ziwōst） *vt.* 取り出す、引き出す。

ziyiх̌tōw (ziyūγ̌:ziyuх̌t) *vi.* 萎れる。

ziyōt *a.* 多くの、多数の。

zīdōw (zīn:zīd) *vt.* (人を) 殺す。

zīl *n.m.* 絃。

zīm(b) *n.m.* 岸；辺、端。

  daryō zīmb 川岸。

zīrd *a.* 黄色い、黄の。

  zīrd rūγan バター。

zōγ[1] *n.m.* 脂肪。

zōγ[2] *n.f.* カラス (鳥)。

zōγnūl *n.f.* つるはし。

zōrδ *n.m.* 心臓。

zulf *n.m.* 巻き毛。

zulm *n.m.* 圧政、暴政、迫害。

zumrat *n.f.* エメラルド。

zūγ *n.m.* 呪い、呪詛。

  zūγ čīdōw 呪う、呪詛する。

zūγ̌ *n.m.* 袖 (そで)。

zūn *n.m.* 膝 (ひざ)。

zūr *n.m.* 力、腕力；暴力。

—*a.* 強い、腕力のある；困難な、難しい。

Ž

žarn	(*m.* žurn) *a.f.* 円い、円形の。
žartōw	(žar:žart) *vi.* パチパチ燃える。
žāš	*n.f.* 疣（いぼ）。
žēbij	*n.m.* 紡ぐこと。
žēx̌tōw	(žōz:žēx̌t) *vi.* 走る。
židung	(*f.* židang) *a.* 頑固な、意固地な。
žindam	*n.m.* 小麦。
žindamēj	*n.m.* 小麦畑。
žiniǰ	*n.m.* 雪。
žiniǰin	*a.* 雪の。
žiniǰin ōdamak	雪だるま。
žirīx	*n.m.* 結び、結び目。
žīdīsk	*n.f.* イナゴ（蝗）。
žīr	*n.f.* 石。
žīrin	*a.* 石の、石製の。
žīv	*n.m.* 穀物貯蔵所。
žīz	*n.m.* 薪（まき）。
žōw	*n.f.* 雌牛。
žōwak	*n.f.* 甲虫（こうちゅう）。
žurn	(*f.* žarn) *a.* 円い、円形の。
žurnāl	*n.f.* 雑誌。

シュグニー語文法概要

音韻篇

1. 音韻

1. 1. 分節音素

1. 1. 1. 母音音素は次の通りである。

短母音		長母音	
i	u	ī	ū
		ē	
a		ā	ō

1. 1. 2. 子音音素は次の通りである。

閉鎖音　/p, t, k, b, d, g, q/

摩擦音　/f, v, θ, δ, s, z, š, ž, x, γ, x̌, γ̌/

破擦音　/c, j, č, ǰ/

流　音　/m, n, l, r/

半母音　/w, y/

1. 2. アクセント

下に挙げる例を除いて，アクセントは語の末尾に落ちる。

žindám「小麦」　pibísk「膀胱」

fiyák「肩」　γaždí「垢（あか）」

1. 2. 1. 非末尾アクセント接辞

①動詞接頭辞 {na} násāwum「行かない」 {ma} máxa「食べるな」

②動詞現在時制人称語尾（5.1. を参照）

単数1・2・3人称	–um	–i	–d
複数1・2・3人称	–ām	–ēt	–ēn

③代名詞的前接的人称代名詞

単数1・2・3人称	–um	–at	–i/–yi
複数1・2・3人称	–ām	–ēt	–ēn

④前接的小辞

–at　δīs–at yīw「21」

–aθ　fukaθ「すべて」

1. 2. 2. 形態的非末尾アクセント

⑤引用文非末尾アクセント

sāwúm ciz?「行かないて何ですか？」

⑥呼格的非末尾アクセント

pári!　「パリーよ！」

⑦語彙的非末尾アクセント

bálē.　「はい，そうです」

ága.　「もし，もしも」

ámmō.　「しかし」

文　法　篇

2. 名詞

2. 1. 数　シュグニー語には単数と複数の別がある。複数形は単数形（基本形）に接尾辞 {ēn} を付すことによって形成される。

vōrǰ　「馬」　：　vōrǰēn

šand　「唇」　：　šandēn

angix̌t「指」：angix̌tēn

qalam「ペン」：qalamēn

mōθ「棒切れ」：mōθēn

母音交替を伴うものもある。

čīd「家」：čadēn

šīg「雄の小牛」：šagēn

puc「息子」：pacēn

kud「犬」：kadēn

なお，2以上の動詞によって修飾される名詞は複数形である。

cavōr pacēn「4人の息子」

pīnj vōrǰēn「5頭の馬」

2. 2. 性

シュグニー語には男性名詞と女性名詞の別がある。なお，性別は名詞の他に，ある種の形容詞，3人称単数人称代名詞，指示代名詞，指示形容詞，過去時制，完了時制（現在完了および過去完了）にも見られる。

2. 2. 1. 性は異なった語で表わされる場合がある

x̌īj「雄牛」：žōw「雌牛」

tāt「父」：nān「母」

xisur「義父」：xix̌「義母」

γaδa「少年」：γāc「少女」

virōd「兄弟」：yax「姉妹」

čōr「夫」：γ̌inik「妻」

bōb「祖父」：mūm「祖母」

2. 2. 2. 語によっては，母音交替によって女性名詞が作られる。

čux̌	「雄鶏」	：	čax̌	「雌鶏」
vōrǰ	「雄馬」	：	vērǰ	「雌馬」
guǰ	「子ヤギ」	：	giǰ	「雌の子ヤギ」
nibōs	「孫」	：	nibēs	「孫娘」
kud	「雄犬」	：	kid	「雌犬」
bukul	「雄の小牛」	：	bakal	「雌の小牛」

2. 3. 男性名詞の語例

yōc	「火」	čūšǰ	「大麦」
xūδm	「夢；眠り」	cīd	「家」
mōθ	「棒切れ」	dišīd	「屋根」
γaθ	「糞」	gūx̌t	「肉」
xīf	「泡」	cēm	「目」
žīz	「薪」	yēd	「橋」
zīl	「弦」	pūrg	「鼠」
xirbīǰ	「カエル」	yēθ	「巣」
δum	「尾」	žiniǰ	「雪」
žīr	「石」	pūnd	「道」
zingūn	「顎」	xīr	「太陽」
yōγǰ	「メリケン粉」	pūn	「羽」

2. 4. 女性名詞の語例

žōw	「雌牛」	čōy	「お茶」
žīr	「石」	sij	「針」
mūn	「リンゴ」	pūd	「浅瀬」
vāx̌	「ロープ」	civīnc	「蜂」
sūg	「話，説教」	būn	「あごひげ」

rūpcak	「狐」	čilbēsk	「トカゲ」
marūd	「梨」	mēθ	「日，一日」
angix̌t	「指」	x̌itum	「ウサギ」
divūsk	「蛇」	x̌itur	「ラクダ」
wēδ	「掘割り」	namad	「フエルト」
biδān	「鞍」	yax	「姉妹」
mōyi	「魚」	sipaγ̌	「シラミ」
sitan	「柱」	wiδič	「スズメ」
wēd	「柳」	mēst	「月（太陰）；一月」
xūrn	「カラス」	x̌itērc	「星」

2. 5. 属格名詞は被修飾語に先行する。

čīd dēwōl　「家の壁」

pōδ bīr　「足の裏」

daryō lāv　「海辺」

cēm γācak　「ひとみ」（原義：目の娘さん）

divūsk yēθ　「蛇の巣」

なお，時としては，ペルシア語のエザーフェ構造をとることもある。

kaf–e pōδ　「足の裏」（ペルシア語：kaf–e pāy）

2. 6. その他の格関係は，前置詞と後置詞によって表される。

3. 形容詞

3. 1. ある種の形容詞には男性・女性の区別があり，母音交替によって表される。

① /ū/ ～ /ō/

rūšt : rōšt	「赤い」

② /ī/ ～ /ā/

xīɣ̌ : xāɣ̌	「甘い」
cīx̌ : cāx̌	「苦い」
šīl : šāl	「片手のない」
xidīr : xidār	「大きい」
fištīr : fištār	「若い」

③ /u/ ～ /a/

cung : cang	「曲がった」
buq : baq	「背の低い，ずんぐりした」
tux̌p : tax̌p	「酸っぱい」
pug : pag	「核のない，空の」
kurc : karc	「深い」
žurn : žarn	「丸い」

3. 2. 限定的用法

xidār angix̌t	「親指」
fištīr virōd	「弟」
fištār yax	「妹」
tēr vōrj	「黒い馬」
bašānd čīd	「立派な家」

3. 3. 叙述的用法

tu ɣāfc.	「君は肥えている」
ya ɣ̌inik kūr sat.	「あの女は盲目になった」
yu čōrik kūr sut.	「あの男は盲目になった」
mu čēd gund.	「わたしのナイフは切れない」

kōbul kalta x̌ār.　「カーブルは大きい町です」

māδ γ̌inikēn bašānd nīst.　「これらの女の人はよくありません」

3. 4. 比較級，最上級の語形変化はない。

yam kitōb az wam kitōb bašānd.「この本はあの本よりもいい」

3. 5. 疑問形容詞

čīz　「何の，どんな」　čīz sabab　「何のために」

ca　「何の」

cūnd　「いくら」

ca rang　「どんな」

3. 6. 不定形容詞

bāzī　「いくらかの，（ある）一部の」

cūnd　「いくらかの，若干の」

4. 代名詞

4. 1. 人称代名詞

4. 1. 1. 人称代名詞

1人称代名詞は次の通りである：

	単数	複数
主格	wuz	māš
斜格	mu	māš

2人称代名詞は次の通りである。

	単数	複数
主格	tu	tama
斜格	tu	tama

3人称代名詞は，指示代名詞を用いる。

これ（hic, *Proximate*）

	単数	複数
主格	yam	māδ
斜格	mi, *m.*;mam, *f.*	mēv

あれ（iste, *Half Proximate*）

主格	yid	dāδ
斜格	di, *m.*;dam, *f.*	dēv

それ（ille, *Remote*）

主格	yu, *m.*;yā, *f.*	wāδ
斜格	wi, *m.*;wam, *f.*	wēv

4. 1. 2. 人称代名詞の用法

人称代名詞主格は次の通りに用いられる：

wuz kitōb x̌ōyum. 「わたしは本を読んでいます」

tu ǰūr. 「君は元気ですか？」

yam mu puc. 「こちらは私の息子です」

wuz–um ǰūr. 「わたしは元気です」

wāδēn tux̌na yast. 「彼らは喉が渇いています」

yu tux̌na yast. 「あの人は喉が渇いています」

人称代名詞斜格は次の通りに用いられる：

①後置詞とともに

mund pūl yast. 「わたしにはお金があります」

Lat. mihi pecunia est.

mund qalam yast. 「わたしにはペンがあります」

Lat. mihi calamus est.

tund qalam yast. 「きみはペンをもっています」

wind qalam yast.「かれはペンをもっています」

wird.「彼に（対して）」

muqati.「わたしと一緒に」

turd ca sut?「きみはどうした？」

tund cūnd puc?「きみには何人の息子がありますか？」

murd čōy vār.「わたしにお茶を持ってきて下さい」

②動詞の目的語として

wi winum.「わたしは彼に会います」

wuzum wi zid.「わたしは彼を殴りました」

wēv winum.「わたしは彼らに会います」

wam winum.「わたしは彼女に会います」

③修飾語として

wuzum wi māk anǰūvdum.「わたしは彼の首を捕まえた」

tar wi cīd.「かれの家で」

wuzum wam γ̌inik dōδum.「わたしはあの女を殴った」

wi kīl dard kix̌t.「彼は頭が痛い」

yu čōrik mu qalam cift.「あの人はわたしのペンを盗んだ」

mu kīl darδ kix̌t.「わたしは頭が痛い」

wi kōr xalōs čūdum.「わたしはあの仕事を終えました」

4. 2. 不定代名詞

fuk	「すべて」	lap	「たくさん」
artan	「だれでも」	dus	「わずか」
fukaθ	「すべて」	yičāy	「誰か」
yiga	「他のもの」	yiča	「なにか」
yičīz	「あるもの，なにかあるもの」		

4. 3. 疑問代名詞

čāy 「誰」

čird 「誰に（対して）」

tut čāy? 「君は誰だ？」

čīz 「何」

čīzard 「なぜ」

ca 「何」

card 「何のために」

turd ca sut. 「君どうしたの？」

yu ca kix̌t. 「彼は何をしているの？」

4. 4. 再帰代名詞

xu 「自身」

xubaθ 「自身で」

wuzum xubaθ lūvd. 「わたし自身が言いました」

yu xubaθ lūvd. 「彼自身が言いました」

xund 「自身の」　xurd 「自身に」

なお，この代名詞は，形容詞としても用いられる。

xu būn 「自身の髭」　xu čīd 「自身の家」

4. 5. 指示代名詞

人称代名詞の項を参照。

4. 6. 前接的人称代名詞

4. 6. 1. 前接的人称代名詞は次の通りである。

	単数	複数
1人称	–um	–ām
2人称	–at	–ēt

3人称　　–i/–yi　　–ēn

4. 6. 2. 前接的人称代名詞の用法

この代名詞は，名詞文，動詞文において，人称・数を表すのに用いられる。

生起する位置は，動詞の直後，文の他の成分あるいは自律的人称代名詞の直後である。

①名詞文において

wuzum tux̌na.(wuzum<wuz–um)「わたしは喉が渇いています」

māšām tux̌na yast.「我々は喉が渇いている」

tut tux̌na yast.(tut<tu–at)「君は喉が渇いていますか？」

tut kampīr.「君は年をとっている」

ca nūmēt?(nūmēt<nūm–ēt)「あなたのお名前は何ですか？」

②動詞文において

wuzum tar čīd vud.「わたしは家にいました」

čīzat čūd?「君は何をしましたか？」

wuzum kud wīnt.「わたしは犬を見ました」

biyōrat tar kā vud?「昨日君はどこにいましたか？」

čīzardat wi kāl nax̌ičūx̌t?「なぜ君はかれの首を切らなかったか？」

wuzum wam wīnt.「わたしは彼女に会いました」

wuzum xu būn tēx̌tum.「わたしは自分の髭を剃りました」

③人称代名詞斜格と前接的人称代名詞の融合

wēm δāt.「わたしは彼を殴った」(wēm<wi+um)

wēt δāt.「君は彼を殴った」(wet<wi+at)

wī δāt.「彼は彼を殴った」(wi<wi+i)

tamēt wi δat.「あなたは彼を殴った」(tamēt<tama+et)

5. 動詞

5. 1. 総論（動詞幹・接頭辞・人称語尾・時制）

動詞には数・人称・時制・法，過去時制における性，態の範疇がある。

現在時制の数・人称は人称語尾によって表される。過去時制の数・人称は，前接的代名詞によって表される。すべての時制は現在語幹と過去語幹に基づいて形成される。現在完了・過去完了は，完了語幹に基づく。

現在語幹からは，現在時制・命令法が作られる。過去語幹からは，過去時制が形成される。

いま，動詞 čīdōw(kin–;čūd)「する」の例によって示すとつぎの通りである。

		現在時制	過去時制	現在完了
	1人称	kinum	–um čūd	–um čūγ̌ǰ
単数	2人称	kini	–at čūd	–at čūγ̌ǰ
	3人称	kix̌t	–i čūd	–i čūγ̌ǰ
	1人称	kinām	–ām čūd	–ām čūγ̌ǰ
複数	2人称	kinēt	–ēt čūd	–ēt čūγ̌ǰ
	3人称	kinēn	–ēn čūd	–ēn čūγ̌ǰ

	1人称	–um cūγ̌ǰat		
単数	2人称	–at cūγ̌ǰat	命令形	ki
	3人称	–i cūγ̌ǰat		
	1人称	–ām cūγ̌ǰat	不定詞	čīdōw
複数	2人称	–ēt cūγ̌ǰat		

3人称　–ēn cūγ̌ǰat

動詞の否定形は，接頭辞 {na} を用いる。nakinum「わたしはしない」

命令形の否定（禁止）は，接頭辞 {ma} を用いる。maxa「食べるな」

動詞（現在時制）の人称語尾（人称と数を表す）は，つぎの通りである。

	単数	複数
1人称	–um	–ām
2人称	–i	–ēt
3人称	–t,–d	–ēn

5. 2. 過去語幹の形成

現在語幹から次の方法によって，過去語幹が形成される。

①過去語幹形成辞 /t/ あるいは /d/ の付加によるもの

cif– : cift 「盗む」

②母音交替を伴うもの

čān : čīnt 「掘る」

③母音交替と子音交替を伴うもの

rinēs : rinūx̌t 「忘れる」

④子音交替を伴うもの

x̌ōfc : x̌ōvd 「眠る」

5. 2. 1. ①の語例

bāγ– : bāγ–d　「（虫が）ぶーんという音を立てる」

cif– : cif–t　「盗む」

cēp– : cēp–t　「触れる，触る」

cēv– : cēv–d 「集める、拾う」

cēx̌– : cēx̌–t 「薪を集める」

čēr– : čēr–t 「種を播く」

čēw– : čew–d 「掻く」

biγ̌ēn– : biγ̌ēn–t 「木から果実などを叩き落とす」

birēw– : birēw–d 「離乳させる」

divēn– : bivēn–t 「籾殻を吹き分ける」

dūv– : dūv–d 「集める」

fas– : fas–t 「鼻をかむ」

fur– : fur–t 「スプーンで食べる」

farx̌– : farx̌–t 「くしゃみをする」

fax̌– : fax̌–t 「苦しそうに呼吸する」

fām– : fām–t 「理解する」

firēp– : firēp–t 「送り届ける」

jēγ– : jēγ–d 「(ヒツジ・ヤギが) 鳴く」

kēx– : kēx–t 「咳をする」

lūv– : lūv–d 「話す，語る」

niθōn– : niθōn–t 「座らせる」

nixēx̌– : nixēx̌–t 「壊す，破壊する」

nižēr– : nižēr–d 「浸す，浸ける」

pirēx̌– : pirēx̌–t 「撒き散らす」

pitēw– : pitēw–d 「注ぐ」

qīw– : qīw–d 「叫ぶ」

sēn– : sēn–t 「持ち上げる」

sēr– : sēr–t 「這う；忍び寄る」

sēw– : sēw–d　「(油などを) 塗る」

sipēn– : sipēn–t　「撒き散らす」

tan– : tan–t　「延ばす」

tap– : tap–t　「踏み付ける」

tēx̌– : tēx̌–t　「剃る」

waš– : waš–t　「手を振る」

wēδ– : wēδ–d　「蒔く，播く」

wiš– : wiš–t　「撹拌する，混ぜる」

wix̌– : wix̌–t　「集める」

x̌ēw– : x̌ēw–d　「目を擦る」

5. 2. 2. ②の語例

ancāv– : ancūv–d　「縫う」

anǰāv– : anǰūv–d　「取る，手にする」

čān– : čīn–t　「掘る」

δi– : δō–d　「打つ」

ɣāv– : ɣēv–d　「犯す」

δak– : δik–t　「舐める」

firāp– : firīp–t　「到着する，着く」

nāw– : nīw–d　「泣く」

pi– : pu–d　「腐る」

rāv– : rīv–d　「吸う，しゃぶる」

sipāft– : sipīf–t　「吸う」

tāž– : tīž–d　「ひっぱる」

vi– : vu–d　「ある，存在する」

win– : wīn–t　「見る，会う」

wāf– : wīf–t　「織る」

wōx̌– : wēx̌–t　「落ちる」

zi– : zō–d　「生む」

5. 2. 3. ③の語例

ambīθ– : ambūs–t　「崩壊する，崩れる」

andīj– : andūy–d　「起き上がる」

birēz– : birōx̌–t　「飲む」

čis– : čux̌–t　「見る」

divēs– : divīx̌–t　「示す，指示する」

δūj– : δūy–d　「乳を搾る」

δērz– : δax̌–t　「積む」

firēw– : firū–d　「洗う，濯ぐ」

γiγ̌aw– : γiγ̌ū–d　「かむ，かじる」

mar– : mū–d　「死ぬ」

mēz– : mix̌–t　「小便する」

niθ– : nus–t　「坐る」

nizarθ : nizūx̌–t　「滅びる，沈む」

nix̌par– : nixpū–d　「踏み付ける」

piδin– : piδi–d　「点火する」

pikin– : piki–d　「引っ張りだす」

pinij– : pinūy–d　「着る」

parδāδ– : parδō–d　「売る」

pis– : pēx–t　「煮える；熟れる」

ricīθ– : ricūs–t　「逃亡する，逃げる」

rinēs– : rinūx̌–t　「忘れる」

rixarθ– : rixux̌–t　「転ぶ；崩壊する」

sāw– : su–t(t)　「行く」

šānd– : šīn–t　「笑う」

ti– : tūy–d　「行く」

θāw– : θu–d　「燃える」

vīnd– : vūs–t　「縛る，結ぶ」

vār– : vū–d　「持ってくる」

viri– : virūy–d　「得る，見付ける」

viraγ̌– : virux̌–t　「壊す」

wirāfc– : wirūv–d　「起き上がる」

wix̌aγ̌– : wix̌ux̌–t　「櫛ですく」

wāz– : wīx̌–t　「泳ぐ」

wižaf– : wiživ–d　「帰る，戻る」

wizēw– : wizū–d　「消す」

xār– : xū–d　「食べる」

xay– : xūs–t　「打穀する」

x̌ēb– : x̌īv–d　「つき砕く」

x̌in– : x̌u–d　「聞く」

yad– : ya–t　「来る」

yān– : yū–d　「粉を挽く」

yōs– : yō–d　「運ぶ」

ziban– : zibu–d　「跳ねる，跳ぶ」

zidār– : zidū–d　「掃く」

zēz– : zōx̌–t　「得る，取る」

zīn– : zī–d　「(人を) 殺す」

zidarδ– : zidux̌–t　「裂く」

žēb– : žīv–d　「紡ぐ」

žiraγ̌– : žirūx̌–t　「咬む，刺す」

žōz– : žēx̌–t　「走る」

5. 2. 4. ④の語例

fisēγ̌j– : fisēγ̌z–d　「搾りだす」

kib– : kiv–d　「切る，切り開く」

nivis– : niviš–t　「書く」

parwēj– : parwēz–d　「種を播く」

tēb– : tēp–t　「撚る」

pēxc– : pēxs–t　「尋ねる」

wiδūj– : wiδūy–d　「皮を剥く」

wirūj– : wirūy–d　「ずたずたに裂く」

x̌ōfc– : x̌ōv–d　「眠る」

5. 2. 5. 不規則な例

kin– : čū–d　「なす，する」

5. 3. 完了分詞

完了分詞は，過去語幹の {t,d} を削除し，{č, あるいはǰ} を付加することによって形成される。

kēx̌–t 「咳をする」：kēx̌č

wēx̌–t 「落ちる」：wēx̌č

δik–t 「咬む」：δikč

lūv–d 「話す」：lūvǰ

ricūs–t 「逃げる」：ricūsč

tāp–t 「踏み付ける」：tāpč

次のやや不規則な形態に注意することが必要である。

現在語幹		過去語幹	完了分詞
① vār–	「持ってくる」	vūd	vūɣ̌j
mar–	「死ぬ」	mūd	mūɣ̌j
xār–	「食べる」	xūd	xūɣ̌j
kin–	「なす」	čūd	cūɣ̌j
yān	「挽く」	yūd	yūɣ̌j
② pi–	「腐る」	pud	puδǰ
vi–	「ある」	vud	vuδǰ
zīn–	「殺す」	zīd	zīδǰ
zi–	「生まれる」	zōd	zōδǰ
θāw–	「燃える」	θud	θuδǰ
③ vīnd–	「縛る」	vūst	vūšč
yad–	「来る」	yat	yaθč

なお，ある種の完了分詞には性･数により特殊な形態がある。

mūɣ̌j,	*f.* mīɣ̌j,	*pl.* mōɣ̌j	「死んだ」
vuδǰ,	*f.* vic,	*pl.* vaδǰ	「あった」
tūyǰ,	*f.* tic,	*pl.* tōyǰ	「行った」
wirūvǰ,	*f.* wirīvǰ,	*pl.* wirōvǰ	「立ち上がった」
nūšč,	*f.* nīšč,	*pl.* nōšč	「座った」
θuδǰ,	*f.* θic,	*pl.* θaδǰ	「焼けた」
puδǰ,	*f.* pic,	*pl.* paδǰ	「腐った」
suδǰ,	*f.* sic,	*pl.* aδǰ	「行った」

5. 4. 動詞接頭辞

動詞の否定形には，{na}を付ける。

nasāwum.「わたしは行きません」

nayattum.「わたしは行きませんでした」

nasut.「かれは行かなかった」

nasat.「彼女は行かなかった」

禁止の命令形には，{ma}を付加する。

mayā!「(汝) 来るな」

masā!「行くな」

malūv!「話すな」

macif!「盗むな」

5. 5. 現在時制

現在時制は現在語幹に人称語尾を付して形成される。

人称語尾は次の通りである。[　]内は，母音で終わる語幹に用いられる。

	単数	複数
1人称	–um[yum]	–ām[yām]
2人称	–i[yi]	–ēt[yēt]
3人称	–d/t	–ēn[yēn]

語形変化例：lūvdōw(lūv–;lūvd)「話す」，tēx̌tōw(tēx̌;tēx̌t)「剃る」，zēdōw(zi;zōd)「生む；分娩する」，čidōw(kin;čūd)「なす」

lūvum	tēx̌um	ziyum	kinum
lūvi	tēx̌i	ziyi	kini
lūvd	tēx̌t	zēd	kix̌t
lūvām	tēx̌ām	ziyām	kinām
lūvēn	tēx̌ēt	ziyēt	kinēt

lūvēn　　tēx̌ēn　　ziyēn　　kinēn

なお，三人称には上例に見るとおり，不規則な語形が見られる。

3人称単数の不規則形の主要なものは次の通りである。

mīdōw　「死ぬ」: mar– : mirt

čīdōw　「なす」: kin– : kix̌t

kix̌tōw　「殺す，屠る」: kaɣ̌– : kiɣ̌d

x̌ēvdōw　「寝る」: x̌ōfc– : x̌ēfst

yattōw　「来る」: yad– : yōδd

yīdōw　「挽く」: yān– : yīɣ̌d

šīntōw　「笑う」: šānd– : šūnt

tīždōw　「ひっぱる」: tāž– : tōžd

wīftōw　「織る」: wāft– : wīft

nīwdōw　「泣く」: nāw– : nūd

sittōw　「行く」: sāw– : sud

vīdōw　「持ってくる」: vār– : vīrt

tīdōw　「行く」: ti– : tīzd

xīdōw　「食べる」: xār– : xīrt

なお，1人称単数，2人称複数および3人称複数における次の母音の縮約に注意。

sittōw(sāw : sut(t))「行く」	xīdōw(xār : xūd)「食べる」
sāwum>sām	xārum>xām
sāwēt>sēt	xārēt>xēt
sāwēn>sēn	xārēn>xēt

rimēdow(rimi : rimōd)「送る」	δēdōw(δi : δōd)「打つ」
rimiyum>rimīm	δiyum>δīm
rimiyet>rimēt	δiyēt>δēt
rimiyēn>rimēn	δiyēn>δēn

例文：

wuz xu bunēn tēx̌um.「私は自分の髭を剃ります」

māš xu bunēn tēx̌ām.「私たちは自分の髭を剃ります」

yu lap xīrt.「彼はたくさん食べます」

wuz mis yadum.「わたしもまた伺います」

mu kīl darδ kix̌t.「頭が痛い」

sār sām.「あす行きます」

tu zīnum.「君を殴る」

ca kinēn?「何をしていますか？」

čīzard nūd.「彼はなぜ泣いているのですか」

5. 6. 過去時制

過去時制は，過去語幹に同じ。ただし，行為者（意味上の主語）は

①前接的人称代名詞，②代名詞と前接的人称代名詞，③名詞（しばしば前接的人称代名詞が共起する）によって表される。

前接的人称代名詞の位置は選択的（随意的）である。すなわち，動詞に直接後置するか，名詞（代名詞・副詞）に直接後置するかあるいは文中において繰り返しあらわれることもある。

前接的人称代名詞はつぎの通りである。

単数	複数
–um	–ām

–at/–t　　–ēt

–i/–yi　　–ēn

例文：

safarat čūd?「きみは旅行をしましたか？」

kōrēt čūd.「あなたは仕事をした」

čīzat čūd.「君は何をしたのか？」

wuzum kud wīnt.「私は犬を見ました」

wuzum kudum wīnt.「私は犬を見ました」

tut kud wīnt.「君は犬を見ました」

tu kudat wīnt.「君は犬を見ました」

wuzum x̌ac birōx̌t.「私は水を飲みました」

wuzum vōrǰ wīnt.「私は雄馬を見ました」

wuzum vērǰ wīnt.「私は雌馬を見ました」

tamēt murd kitōb piδō čūd.

「あなたは私に本を見付けてくれました」

māšām tamard δu kitōb piδō čūd.

「我々は貴方に２冊の本を見付けました」

māšām bašānd γāc wīnt.「我々は綺麗な少女を見ました」

xīr pal čūd.「太陽が昇った」

γinik cēmak vūd.「妻は眼鏡を持ってきた」

なお，自動詞の３人称過去形は男性・女性の語形変化を行なう。

mu tāt ar badax̌xūn sut.「私の父はバダフシャーンに行った」

mu nān ar badax̌xūn sat.「私の母はバダフシャーンに行った」

mu δust θud.「手に火傷をした」

mu angiх̌t θad. 「指に火傷をした」

ricōst. 「彼女は逃げた」

ricūst. 「彼は逃げた」

yu askar vud. 「彼は兵隊だった」

yu mālim vad. 「彼女は先生だった」

nūst. 「彼は坐った」

nōst. 「彼女は坐った」

mūd. 「彼は死んだ」

mōd. 「彼女は死んだ」

tūyd. 「彼は去った」

tōyd. 「彼女は去った」

5. 7. 完了時制

完了時制は完了語幹で表される。行為者に関しては過去時制に同じ。

wuzum lūvǰ. 「私は話しました」

tut lūvǰ. 「君は話しました」

tut ǰirīb wīfč. 「君はソックスを編みました」

xarbūza х̌ičifč. 「メロンが壊れた」

pōdх̌ō vuδj. 「王様がいました」

kūrat pīrēn suδǰ. 「彼らはめくらになり，年を取りました」

mu tāt mūγ̌j. 「私の父は死にました」

mu nān mīγ̌j. 「私の母は死にました」

sic. 「彼女は行ってしまいました」

yu yaθč. 「彼は来ました」

yu х̌ōvǰ. 「彼は眠りました」

yā xēvǰ. 「彼女は眠りました」

vuδǰ navuδǰ aray virōdēn vaδǰ.「昔々，3人の兄弟がいました」

yi kampīr vaj wimand yīwaθ nibōs vuδǰ.

「ある老婆がいました。彼女には一人の孫がいました」

5. 8. 大過去時制（過去完了時制）

大過去形は，「完了語幹」+「接尾辞 {at}」で構成され，さらに行為者は過去時制と同様にして表される。

wuzum lūvǰat. 「私は話しました」

yā ɣāc ǰōkat xarīt čūɣǰat. 「あの少女はジャケットを買いました」

ɣinik yaθčat. 「婦人は（すでに）来ていました」

ɣinikēn yaθčatēn. 「婦人は（すでに）来ていました」

tar hirōt suδǰat. 「ヘラートまで行っていました」

5. 9. 命令法

命令法は，動詞現在語幹に，2人称単数形で語尾ゼロ，2人称複数形では語尾 {ēn} を付加して，形成される。

例文：

murd tu δust divēs! 「私に君の手を見せなさい」

lūv! 「話せ」

mu kāl čēv! 「私の頭を掻け」

nāw! 「泣け」

cōw ki! 「刈れ」

čis! 「見ろ」

cif! 「盗め」

tāž! 「引け，引っ張れ」

cūnd mūn murd vār! 「私に数個のリンゴを持って来い」

yam x̌ac birēz! 「この水を飲め」

xu bēn tēx̌! 「君の髭を剃れ」

taram sa!* 「そこに行け」

mu kāl tēx̌! 「君の頭を剃れ」

＊ある動詞は不規則な命令形を有する。

ya 「来い」 (yad:yat(t);yat(t)ōw)

va 「運べ」 (vār:vūd;vīdow)

ki 「しろ，為せ」 (kin:čūd;čīdōw)

δa 「与えろ」 (δāδ:δōd;δēdow)

xa 「食べろ」 (xār:xūd;xīdōw)

禁止の命令は，接頭辞 {ma} を付す。

maya! 「来るな」

mava! 「持ってくるな」

maxa! 「食べるな」

malūv! 「話すな」

maki! 「するな」

5. 10. 不定詞

5. 10. 1. 不定詞は動詞過去語幹に {ōw} を接尾して形成する。

nīw : nīwdōw 「泣く」

lūvd : lūvdōw 「話す」

kēxt : kēxtōw 「咳をする」

tēpt : tēptōw 「紡ぐ」

wīnt : wīntōw 「見る」

wišt : wištōw 「掻き回す；混ぜる」

ただし，次のように母音の交替が見られるものがある。3種に分類できる。

［1］母音交替 {ū ～ ī}

ancūvd : ancīvdōw　「縫う」

vūd : vīdōw　「持ってくる」

čūd : čīdōw　「なす，する」

mūd : mīdōw　「死ぬ」

xūd : xīdōw　「食べる」

anǰūvd : anǰīvdōw　「捕まえる，取る」

parǰūvd : parǰīvdōw　「取り去る」

vūst : vīstōw　「縛る」

nūst : nīstōw　「坐る」

xūd : xīdōw　「食べる」

xūst : xīstōw　「打穀する」

［2］母音交替 {ō ～ ē}

rimōd : rimēdōw　「送る」

x̌icōd : x̌icēdōw　「凍る」

birōx̌t : birēx̌tōw　「飲む」

zinōd : zinēdōw　「洗う」

［3］母音交替 {u ～ i}

kux̌t : kix̌tōw　「屠る」

rinux̌t : rinix̌tōw　「忘れる」

rux̌t : rix̌tōw　「掘る」

virux̌t : virix̌tōw　「壊す」

5. 10. 2. 不定詞の用法

fānd δēdōw bašānd nīst.　「欺くことはよくない」

wuz sittōw vār δīm. 「私は行くことが出来ます」

wuzum kitōb x̌ēydōw lap žīwǰ. 「私は本を読めます」

wuz šic x̌ēydōw vār δīm. 「私は今では読めます」

čōrik wīftōw nafāmt. 「男は編みかたを知りません」

5. 11. 受動態

受動態は動詞の完了分詞と sāw:sut(t)「行く；（に）なる」の変化形で表すことが出来る。

yu tar δēd zīδj sut. 「彼は戦争で殺された」

(zīn:zīd;zīdōw 「殺す」)

wāδēn tar δēd zīδj sattēn. 「彼らは戦争で殺された」

5. 12. 動詞 {yast}「ある」, {nīst}「ない」と存在文・所有文

mund qalam yast. 「私にはペンがあります」

Cf.mihi calamus ast.

tund qalam yast. 「君にはペンがあります」

wind mēz yast. 「彼には机があります」

tamand kitōb yast. 「あなたには本があります」

wēvand virōd nīst. 「彼らには兄弟がいません」

mumand qalam yast. 「我々にはペンがあります」

mund acaθ pūl nīst. 「私には少しもお金がありません」

taram yōc nīst. 「そこには火がありません」

yūdand yi kitōb nīst. 「ここには本があります」

māšānd qalam yast. 「我々にはペンがあります」

5. 13. 名詞文

シュグニー語には，繋辞のない名詞文がある。

wuzum kūr. 「わたしは目が見えません，盲目です」

tamēt ǰōpōnī?「貴方は日本人ですか？」

yu kitōb tund.「この本は君のです」

wuzum tuxna.「私は喉が渇いています」

yam mu puc.「こちらは私の息子です」

ca nūmēt?「お名前は？」

kōbul kaltā xār.「カーブルは大きい都市です」

ただし，繋辞の過去形は次の通りである。

	単数	複数
1人称	vudum	vadām
2人称	vudat	vadēt
3人称	vud	vadēn

例文：

biyōrat tar kā vudat?「君は今日どこにいましたか？」

tut tuxna vud?「君は喉が渇いていますか？」

wāδēn bašānd vādēn.「彼らは良い（人）です」

tu tar kā vudat?「君はどこにいましたか？」

wuzum tar čīd vud.「私は家にいました」

6. 数詞

6. 1. 基数詞

1. yīw	6. xōγ̌
2. δu	7. wūvd
3. aray	8. waxt
4. cavōr	9. nōw
5. pīnj	10. δīs

11. δīsat yīw
12. δīsat δu
13. δīsat aray
14. δīsat cavōr
15. δīsat pīnj
16. δīsat xōɣ̌
17. δīsat wūvd
18. δīsat wax̌t
19. δīsat nōw
20. δu δīs

21. δu δīsat yīw（20 + 1）
22. δu δīsat δu（20 + 2）
30. ara δīs（3 × 10）
40. cavor δīs（4 × 10）
50. pīnj δīs（5 × 10）
60. xōɣ̌ δīs（6 × 10）
70. wūvd δīs（7 × 10）
80. wōx̌t δīs（8 × 10）
90. nōw δīs（9 × 10）

100. δīs δīs, δīs δīsak（10 × 10）
200. δu δīs δīsak（2 × 100）
300. ara δīs δīsak（3 × 100）
400. cavōr δīs δīsak（4 × 100）
1000. δīs δīs δīsak（10 × 100）

6. 2. 序数詞

序数詞は，基数詞に接尾辞 {-um} を付して作る。

第 1　iyum
第 2　δiyōnum
第 3　arayum
第 4　cavōrum
第 5　pīnjum
第 6　xōɣ̌um
第 7　wūvdum
第 8　wax̌tum
第 9　nōwum
第 10　δīsum

6. 3. その他の数的表現

δuwat nīm　2.5

yīwat nīm　1.5

δu tōv　2 回

ara tōv　3 回

cavōr tōv　4 回

kānd　半分

7. 接続詞

atā 「それから」

ammō 「しかし」

lōkin 「しかし」

na...na... 「……でもないし……でもない」

yō 「あるいは」

aga 「もし……」

–at ［前接的］

kudat puš 「犬と猫」

wazīrat dēqōn 「大臣と百姓」

x̌ābat mēθ 「夜と昼」

kilōat zardak 「カボチャとニンジン」

kulcât alyōk 「クッキーとチーズ」

wuzat tu 「私と君」

dōdat nān 「父と母」

8. 前置詞・後置詞

8. 1. 前置詞

ar　　ar badax̌xūn 「バダフシャーンで」

as,az　as x̌uɣ̌nūn yattum.「シュグナーンから来ました」

as kā?「どこから」

as tu pēx̌cum.「君に尋ねます」

as mu xafa mavēd.「私に気分を悪くしないで」

pis　wuzum pis x̌ac yattum.「私は水を求めて来た」

tar　tar kōbul sut.「彼はカーブルまで行きました」

tar kā sāwi?「どこへ行きますか？」

tar vaj sittōw「外出する」

wuz tar xu čīd sāwum.「家まで行きます」

tar δēd「戦争で」

to　tō kōbul sāwum.「カーブルまで行きます」

8. 2. 後置詞

–qati　tama–qati「あなたと一緒に」

tōp–qati「ボールで」

čōqū–qati「ナイフで」

–and,–an,–nd　maktab–and「学校で」

tu–nd qalam yast.「君はペンを持っている」

mu–nd pūl nīst.「私にはお金がない」

zimistūn–and「冬に」

–andir,–andi,–ndi　qul–andir「湖の中に」

dinyō–ndi「世界で」

–ard,–rd　mu–rd「私に」

tu–rd「君に」

kud–ard「犬に」

–ti　daftar–ti「事務所で」

9. 副詞

①場所の副詞

yarūd 「そこに」

pitir 「上に」　yamtir 「そこに（上に）」

tarūd 「ここに」　aram 「そこに（下に）」

yū dand 「ここで」　yūdard 「ここに」

tagōv 「下に」　qarīb 「近く」

δar 「遠い」　tar kā 「どこへ，どこで」

②時の副詞

šič 「今」　vōga 「再び」

parx̌īb 「3日前」　afaɣ̌ 「あさって」

biyōr 「昨日」　sār 「朝」

parwōs 「昨年」　sadōs 「一昨々年」

nura,nur 「今日」　cawaxt 「いつ」

ǰaldaθ 「すぐ」　fuk waxtaθ 「いつも」

③量の副詞

dus 「わずか」　cūnd 「どのくらい」

lap 「たくさん」

④様態の副詞

igdis 「こうして」　dūnd 「そんなに」

bēxilīwandaθ 「突然に」　mis 「また，も」

⑤原因の副詞

čīzard 「なぜ」　pas 「そこで」

⑥確言の副詞

na,nay 「いいえ」　bālē 「はい」

albat「勿論」

10. 間投詞

čux̌!, ču!「ドードー（馬などを止め掛ける声）」

čuš!「シーッ，静かに」

ma!, mēt!「そら！ほら！そうら（ごらん）！」

šag!「行ってしまえ！出ていけ！」

xēr!「おお！立派！でかした！」

xōb!「よし！」

yō!「おー！おや！」

11. 文例集

1. mu kīl darδ kix̌t.「（わたしは）頭が痛い」
2. tu kīl darδ kix̌t.「君は頭が痛い」
3. wi kil darδ kix̌t.「彼は頭が痛い」
4. tu nūm čīz?「君は名前はなんですか？」
5. yu ca kix̌t?「彼は何をしていますか？」
6. yā kūr sat.「彼女は盲目になった」
7. yu kūr sut.「彼は盲目になった」
8. yam mu puc.「これは私の息子です」
9. yam mu rizīn.「これは私の娘です」
10. yu askar vud.「彼は兵隊だった」
11. yā γ̌inik mālim vad.「彼女は先生でした」
12. yā γ̌inik ricōst.「あの女性は逃げた」
13. yu čōrik ricūst.「かの男性は逃げた」

14. mu tāt ar badax̌xūn sut.　「私の父はバダフシャンへ行きました」

15. mu nān ar qunduz sat.　「私の母はクンドゥーズへ行きました」

16. mu nān tar maymana sicat.

「私の母はマイマナへ行ってしまった」

17. wi mālim tar hirāt suδǰat.

「かれの先生はヘラートへ行ってしまっていました」

18. wi vōrǰ rang carang.　「彼の雄馬は何色ですか？」

19. vērǰ qarībi māš čīd yast.　「雌馬が私たちの家の近くにいます」

20. vōrj qarībi wi čīd yast.　「雄馬が私たちの家の近くにいます」

21. wuzum wi čōrik δōδum.　「私はあの男を殴った」

22. wuzum wi γ̌inik δōδum.　「私はあの女を殴った」

23. wuzum dūnik gūx̌t wirdum δōdum.

「私は肉を少々彼に与えました」

24. wuzum aray x̌īǰ wird δōdum.　「私は3頭の雄牛を彼に与えました」

25. wuzum aray x̌īǰ wirdum δōdum.

「私は3頭の雄牛を彼に与えました」

26. wuzum wi māk anǰīvdum.　「私は彼の首を捕まえた」

27. wuz sittōw vār δīm.　「私は行くことが出来ます」

28. mu nān tar xu čīd qālīn wōft.

「私の母は自分の家で絨毯を織っています」

29. tu tar kā sāwi?　「君はどこへ行くのですか？」

30. tu čīr kini?　「君は何をしていますか？」

31. cūnd mūn murd vār.　「リンゴを少し私に持ってきなさい」

32. māδ xarbūzaēn bašānd nīst.　「これらのメロンはよくありません」

33. māδ γ̌inikēn bašānd nīst.　「これらの女性はよくありません」

34. wi čōrik x̌ēb.「この男性を殴打しなさい！」

35. di δar pit.「これを捨てなさい！」

36. ōrōm ki.「待て！」

37. mam x̌ac birēz.「この水を飲みなさい！」

38. wuz tar xu čīd sāwum.「私は自分の家まで行きます」

39. tar māš čīd yad.「私たちの家まで来なさい」

40. tar wi čīd mu maatal tāž.「私の家で私を待ちなさい！」

41. divi yēt ki.「ドアーを開けなさい！」

42. tund cūnd puc?「君は息子さんは何人ですか？」

43. turdum wam kitōb vūdum.「君にこの本を持っていきました」

44. wuzum šēr nawīnčum.「私はライオンを見たことがありません」

45. kōbul sāwum.「カーブルへ行きます」

46. tā kōbul sāwum.「カーブルまで行きます」

47. wuzum az xuɣ̌nūn yatum.「私はシュグナーンから来ました」

48. yad čīz?「これは何ですか」

12. テキスト

12. 1. 本文

yi x̌āb	millō	xu	ɣ̌in–i	ba tēzi	az xūδm	agā	cūd.
ある夜	ムッラー	自身の	妻・彼の	急いで	から	眠り	起こした

lūvd–i	mu cēmak	vār.	ɣ̌inik cēmak	vūd.		pēx̌st :	šič
言った–彼	私の眼鏡	持って来い	妻	眼鏡	持ってきた	尋ねた	今

x̌āb	cēmak	ca	talābi	ca	kini.
夜	眼鏡	なに	あなた・望む	何を	あなた・する

ǰiwōb δōd:xīγ̌ xūδm–um wīnt, magam yi lāv jōy tōrīk vud.

答えた：楽しい 夢–私 見た，しかし ある所 暗い だった

bašānd–um nawīnt. tilīpt–um cēmak δīm, tō bašānd

よく・私 見えなかった 欲した・私 眼鏡 掛ける，〜ように よく

fuka jōy namōyōn vēd.

すべての所 見えるように なる

12. 2. 注記

γ̌in–i,「妻・彼」, –i は前接的人称代名詞，属格的用法。(4.6. 参照)

ba tēzi,「急いで，急に」，副詞句（前置詞＋名詞）。

agā čūd,「起こした」。不定詞は，agā čīdōw「起こす」。

lūvd–i, {i} は前接的人称代名詞 (4.6. を参照)。行為者を表す。

mu cēmak, mu は wuz の斜格，属格的用法。(4 を参照)

tilābi,「あなた望む」tilīptōw(tilāb:tilīpt) の現在・2 人称単数形。(5.5. を参照)

wīnt,wīntow(win:wīnt)「見る」の過去語幹。(過去時制は 5.6. を参照)

vūd,vīdōw(vār:vūd)「持ってくる」の過去時制。(5.2. を参照)

pēx̌st,pēx̌stōw(pēx̌c:pēx̌st) の過去時制。

δīm,「私は打つ（付ける）」, δiyum の短縮形, (δi:δod) (5.2.2. を参照)。

vēd,vidōw(vi:vud)「(…で) ある」。vīd という異形態もある。

12. 3. 手書きテキスト

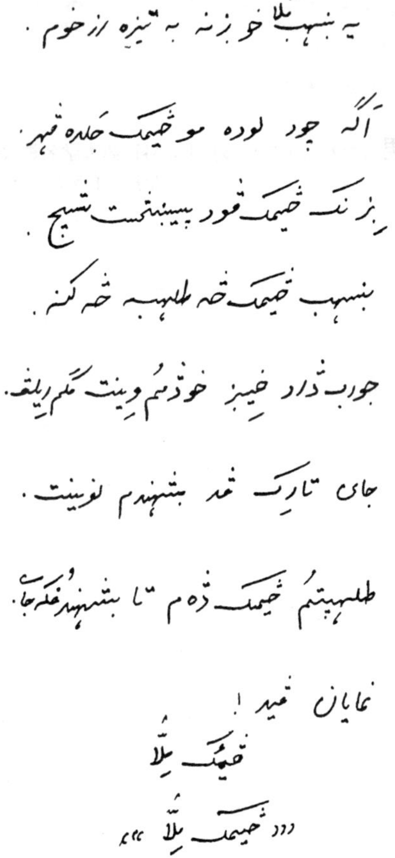

یه بنسهب مُلّا خو زنه به تیزه از خوم .

آگه چود لوده مو خیمک جلده قهر .

ربز نک خیمک ڤود بیسبنمست نشیج .

بنسهب خیمک خه طلهبه خه کنه .

جورب ذارد خیبز خوذمم وینت ملگم ریلق.

جای تاریک ثد بشنهدم لونینت .

طلهیتم خیمک ذه م تا بشنهند خکرجا.

نمایان ثید !

خیمک ملّا

«خیمک ملّا»

著者紹介

縄田　鉄男［なわた・てつお］東京外国語大学名誉教授
（言語学・イラン語学）

目録進呈／落丁本・乱丁本はお取替えいたします。

平成13年6月20日　©第1版発行

シュグニー語基礎語彙集

編　者　縄田鉄男

発行者　佐藤政人

発行所

株式会社　大学書林

東京都文京区小石川4丁目7番4号
振替口座　00120-8-43740
電話　(03) 3812-6281～3番
郵便番号　112-0002

ISBN4-475-01240-6　　大文社・牧製本